五高・東光会

《日本精神を死守した一八五人》

荒牧邦三
Aramaki Kunizo

弦書房

〈カバー写真〉
大川周明（中列中央）が五高へ来た際、東光会会員と記念写真（昭和四年）
紋章は、五高の校章（熊本大学五高記念館提供）
〈カバー裏・版画〉
小崎侃「東光会立田山荘」（昭和五十五年）
〈表紙〉
徳富蘇峰筆の東光会綱領掛け軸から

目次

Ⅱ　戦後を生きる

はじめに

大正時代の末期、第一次世界大戦に勝利（大正七年）したあとの日本には西欧諸国の思想、風潮が奔流のごとくなだれ込んでいた。労働組合、婦人の地位向上、基本的人権の尊重。そして自由主義的な文芸活動に雑誌の創刊。国民の意識は確実に開放的な流れに向かっていた。また、アジア諸国では西欧諸国の権益争いが激化し、主権の侵害と植民地化が露《あらわ》になっていく。そんな時節の大正十二年四月、熊本市の旧制第五高等学校に「東光会」と称する学生団体が誕生した。当時、日本の学術、思想界で一大潮流になっていたマルクス主義、社会主義思想の氾濫に危機感を抱いた学生たちが立ち上げた対抗組織である。「光は東方より」をもじった東光会の志は高く、「日本精神を守れ」「アジアを西欧列強の植民地から解放する」として右派の歴史学者大川周明、北一輝らに薫陶を受け、若者たちは驚くほどの情熱を傾けて研鑽、修養を続けた。五高の裏手、立田山の中腹に立つ下宿屋を団体本部にし、あるときは放歌、高吟に輪読、口論、ランプ生活はあたかも「梁山泊」の態をなし強い絆で結ばれた。国内では稀有な学生団体となり、東京帝国大学や京都帝大、九州帝大に進んだ学生たちはそこでも延長線上の歴史観で行動、すぐさま全国で起きた右派学生運動の中心メンバーになった。「王道楽土」「五族協和」を掲げて満州建国に参画した会員も多く、敗戦で夢は敗れたものの青雲の心意気は終生持ち続けた。学徒動員では戦争の悲惨さも体験、戦死者も出た。

戦後、旧制高校の改廃で東光会はなくなったが、二七年間に在籍した一八五人のいずれ劣らぬエリートたちはその後も東光会的な生き方を貫き、政界、官界、司法界、そして教育界、宗教界に進み、深く、静かに、しかも確実に日本の社会生活に根を下ろして各方面で隠然たる影響力を発揮した。東光会はその思想信条から右派、国家主義団体と呼ばれることもあったが、それ以前に彼らは純粋に天皇陛下を尊敬し、日本の行く末を案じて己を鍛え続けた若者たちであり、明治維新から今に続く日本の歴史認識の根本部分を持ち続けた人たちだった。ここ数年、著作物や評論で話題になった「日本会議」のように、政治的に組織だった動きを見せることはなく、むしろ孤高意識の強い独自路線を歩んだ人たちでもあった。

従って本稿では東光会について、「右派」と表現することもあるが、それは便宜的なもので左翼に対する右翼的な位置づけではなく、あくまでも武士道的な日本精神を追い求めた硬派な集団であったことを前提にしておきたい。また、その位置づけが特異な存在だったためか東光会についてはこれまで、五高の歴史や記念誌でも本格的に掘り下げられたものはなかった。本書はこれまであまり明らかになっていなかったその実態と人脈に迫ったものである。

凡例

一、引用文は読みやすくするため一部句読点、ふりがなをつけ、旧字も現代使っている文字に変えた。

一、「支那」など当時の地理的認識を表すためそのまま使ったところもある。

一、氏名のあとで（昭和○○年卒、○○大）と表記しているが、五高の卒業年と進学先を示した。他の氏名あとのカッコ内は生年と没年。

一、本文、写真説明の敬称は原則として略した。

一、会員の氏名、出身地、経歴、参考にした文献、資料を末尾に記した。

＊「東光会」を称する法人・組織は絵画、医療、社会福祉、学校同窓会など日本国内に多数あるが、いずれも「五高・東光会」とは無関係である。

I　東光会発足から敗戦まで

第一章　東光会結成、修養の日々

五高の一年生が終わろうとしていた大正十二年の春休み、旧制佐賀中出身の江藤夏雄（一九〇三～一九六八）が突然上京した。中学時代から胆力と行動力のある江藤のリーダーシップは傑出していた。向かったのは、当時立憲国民党の政治家でのちに首相をする犬養毅（一八五五～一九三二）のところだ。なぜ犬養に伝手《つて》があったかというと、江藤の父・新作（一八六三～一九一〇）は明治維新に佐賀の乱で敗れた江藤新平の次男で、家督を継いだ後、佐賀選挙区から衆議院議員になり、犬養の側近としてアジア主義団体「東亜会」の結成で奮闘、上海の東亜同文書院を一緒に作った同志だった。だから江藤夏雄にすれば犬養は日ごろ父から聞いていた身近に尊敬する大政治家でもあった。父の思想的影響を受けていた江藤にとってアジア問題など当時の世界の動向について遠慮なく考えを聞けると判断したのである。犬養も「あの江藤新平の孫であり、新作の次男なら」と心安く応じた。そのころ、犬養は文部大臣をした直後であることもあって言論界、世界情勢には詳しかった。

大川周明からの薫陶

「現今のアジア情勢をどのように捉えるか」。江藤の意図を察して犬養が紹介したのが、五高出身の歴史学者大川周明（一八八六〜一九五七）である。大川は有楽町にあった南満州鉄道の東亜経済局事務所で会うことを指示した。「まさか、大川先輩に会えるとは」と江藤は喜んだ。このころの大川は日本におけるアジア復興運動の指導者として有名で、江藤たち若者にとって思想的にカリスマ的な存在だった。大正十一年に発行された大川の著書『復興亜細亜の諸問題』（中公文庫）は繰り返し読んだ。「アジアが欧米列強に浸食され、日本も危ない」と警告していた。

この運命的な出会いこそ東光会の始まりである。大川周明とはいったいどんな人物か。少し長くなるが、後々まで東光会の活動に影響を与えることになるので、ここに至るまでの大川の思想的系譜についてたどっておこう。

大川は明治十九年、山形県酒田市で医家の家系に生まれた。旧制庄内中学から明治三十七年、故郷を離れてはるか遠方の熊本・第五高等学校に進んだ。五高を選んだのは、中学時代に学んだ漢学の「南洲翁遺訓」で薩摩の西郷隆盛を知り、肥後藩の思想家横井小楠に傾倒してその思想風土に魅せられたのである。文字通り才気煥発な青年で、五高三年（明治三十九年）のときに起きた「栗野事件」での武勇伝は、五高史に残るほどの出来事になっている。事件は五高生栗野昇太郎の一高（現・東京大学）転校をめぐる不正である。栗野の父、栗野慎一郎が外交官としてフランス大使館へ転勤することになった。老いた母が一人になることを案じた父は「長男・昇太郎を東京に」と文部省に「圧力」をかけ転校を実現させた。当時の規則で旧制高校間の転校はできなかったが、転校してきた生徒の「不正」を疑った一高の生徒が通報、五高中が大騒ぎになった。武夫原（運動場）で全学集会が開かれ、このとき大川が「一致団結を持って当たるべし、諸君、起《た》とうではありませんか」と名演説をし、奮起を促した。結局、転校撤回はできなかったが、校長はのちに辞任、教頭は引退に追い込まれたのである。

その後、大川は東京帝国大学に進んでインド哲学を専攻、一生を「インド研究」に捧げるつもりだった。ところが大正二年の夏、東京・神田の古本屋でインドの思想家サー・ヘンリー・コットンの『新インド』を見つけて読むうち、悠久のインドが占領国・イギリスの苛烈な圧制に苦しんでいる実態を知り、認識を改める。「植民地とはなんぞや」との疑問である。そして、アジア各国の実情も知る中で、中国でのアヘン戦争の原因や西欧列国のアジア植民地化に驚き、「このままでは日本が危ない」と危機感を抱いた。

このころ、インドでは独立運動が激しくなり、ガンジーが非暴力主義を唱え、独立運動に奔走するインドの闘士に対するイギリス官憲の弾圧も厳しくなっていたのを知る。日本に亡命してくる活動家も出て、大川は彼らをかくまうこともするようになる。大川と同じことを考える思想家も現れ、大正七年にまず『奪われたる亜細亜』を著していた大阪出身の満川亀太郎（一八八八〜一九三六）と連携して「老壮会」を創立、次いで翌年には大川と満川が中国・上海にいた北一輝（一八八三〜

一九三七）を呼び戻して「猶存社」が結成される。いずれも日本とアジア問題を考える思想団体である。北の主唱する維新革命論は名著『日本改造法案大綱』に結実するのだが、ここに大川の主張するアジア解放と北一輝の維新日本建設運動が一体となってうねりだす。

満川と出会った頃（大正七年）の大川は満鉄が東京に設けた東亜経済調査局に身を置き、次いで大正九年には満鉄初代総裁の後藤新平（一八五七〜一九二九）に請われて拓殖大学の教授に転じた。このとき、授業で植民地史、植民地政策、東洋事情講座を受け持ち、講義ノートをベースに出版したのが『復興亜細亜の諸問題』であった。この著書の「序」で大川は怒りをたぎらせるように述べている。「単（独）りインドのみならず、茫々たるアジア大陸、処として白人の蹂躙に委（ね）せざる（を得）なく、民として彼らの奴隷たらざるなきを知了した」と説き起こし、「これでいいのか、日本人よしっかりしよう」と呼びかけたのだ。そして大川は哲学研究から政治分野へ転向、「アジア復興運動と日本改造運動は一体であり、我らはその同志を全国的に獲得して『大義を四海に布く』民族的理想を実現するために勇往邁進せ（し）なければならない」と宣言している。

全国の同志は続々と名乗りをあげた。まず、大正十年には東京帝大に「日の会」ができた。そのきっかけになったのも、インドから日本に逃れてきた独立闘士ラース・ビハリー・ボース（一八八六〜一九四五）を追うイギリス官憲が、滞日中のインド人講師、H・Tアタールにスパイを強要し、これを苦にした講師が服毒自殺してしまった事件だった。大川らはその抗議集会で「日の会宣言」をし、表舞台に登場した。この日の会の創立には戦後首相になる岸信介も関わっていた。宣言は勇ましい。「現行の世界は実に横暴老獪なる利己主義的民族の支配下に在る。我らの剣、我らの鉄槌は人類を縛して利己主義壇上の犠牲たらしむる彼らの鉄鎖を断固粉砕するまでは憩うの日がないであろう。人類の戦士たる我らは必然戦士日本である。戦士日本のその強靭鋭利なる日本の剣を揮う処、そこに世界革命の火花が散らざるを得ぬ」。次いで、拓殖大学に魂の会、早稲田大学に潮の会、慶応義塾大学に光の会が組織され、これらは日の会を長兄として兄弟会となる。

日の会に呼応して北海道大学に烽《のろし》の会、立命館大学に双刃会、明治大学に明の会、曹洞宗大学（現・駒沢大学）に命の会、日本大学に東の会、大東文化学院（現・大東文化大学）に天の会ができた。もちろんこれらの大学組織が日の会の宣言下にあったのは言うまでもない。江藤夏雄が大川に会ったのはこんな時期だから一瞬にして共鳴した。

ここから江藤は勇躍、熊本に帰って東光会を結成することになるのだが、もう一つ、民族主義の学生たちが結集する当時の思想的環境を指摘しておきたい。それは西欧から奔流のごとく流入、日本の学術界を席巻しつつあったマルクス主義研究、社会主義運動である。第一次大戦後の「小春日和のような日々」「大正ロマン」という言葉に象徴されるような時代に国内では西洋の自由主義的な空気が学術、思想界にあふれ、青年たちは魅了された。いわゆる大正デモクラシーである。労働運動や水平社運動が盛んになり、日本共産党が設立され、文学作品にも進歩的な作風がもてはやされた。マルクス主義研究を中心とした学生組織も各大学に燎原の火のように広がり、特に大正七年創立の東京帝大の新人会は全国学生組織の中心団体として名を馳せていた。「マルクスボーイ」という言葉さえ生まれていた。京都の三高と慶応義塾大学に社会問題研究会、早稲田大に文化同盟、明治大に七日会、関西大学に友資会、立教大学に労農会が結成された。五高も例外ではなく社会思想研究会が作られ、いわば学内主流のサークルのようになっていた。教授陣の講義や学内討議もリベラルな空気にあふれた。大正九年には東京帝大助教授・森戸辰男の「皇室不敬」筆禍事件が起き、世の中は右翼と左翼思想のせめぎあいで混沌とし、江藤がこれら左翼陣営の動きを苦々しく思っていたのは言うまでもない。「負けてはおられない」と決意を新たにする。

東京から帰った江藤が大川にお礼の手紙でも出したのだろう、大川からの返事がある。

「拝復　お手紙ありがたく拝見しました。涙を揮《ふる》って剣を執る御覚悟うれしく存じます。維新の先覚、平野国臣詠じらく

君が代の　安けかりせば　かねてより　身は花守と　なりけむものを　と。一首限りなく吾等の心を打ちます。大乗日本建設のために吾々は穏逸清香を慕う心をも犠牲にせねばならむ。吾々の心の底に荘厳なる日本を建設し、之を具体化するために、肉体と精神の全力を挙げねばなりませぬ。兄（江藤夏雄）の努力によって真個の同志をわが愛する母校の青年の間に得んことを祈念します。

大正十二年四月十四日　大川周明」

江藤はまず、旧制佐賀中から一緒に入学した親友の納富貞雄（一九〇四～一九九四）に呼びかけた。硬骨漢の納富は即座に応じた。五高入学前に十七歳の納富が己の心に宿る煩悩を超えるため、血書でしたためた「自警」と題する自分自身への宣言がある。

東光会創立を祝して熊本市内を荷馬車でパレードした会員たち

一、生命を賭して瞑想に当たれ
一、建実に実力を養成せよ
一、勢力的な心身を作れ

なんとも悲壮な決意である。納富はこの自警を生涯にわたって貫くことになるが、東光会の歴史は納富なくしては語れない中心的な存在になる。「東洋思想、日本精神の研究をやろう」。二人は学内の気心知れた級友に働きかけを始める。二年生を中心に賛同者は直ちに集まった。

江藤夏雄・納富貞雄（佐賀）、圓佛（旧姓蓮尾）末吉・新開長英・大鐘義孝・柿添久夫・宮川渉・高見稔（福岡）、星子敏雄・高橋道雄・中村亨・曽我孝之・竹尾隆象・宮本正記・正木正（熊本）、廣瀬正雄・衛藤浩（大分）、高宮稔（宮崎）、駒田錦一・太田三郎（東京）、皆川吾郎（茨城）、榊原祐

東光会結成時の山荘、本部前で。納富貞雄（左）と江藤夏雄

治（愛知）、平木茂市（滋賀）、永木廣次（兵庫）、小柳芳孝（広島）、篠原智雄（山口）、中村寧・平尾正民・岡嘉久（高知）、久米定男・首藤謙（香川）。

発足時の会員は三一人。江藤がリーダー格になった。会の名称は「東光会」。当時の江藤たちの心意気を示す意味を込め、「光は東方より」から援用した。この言葉はギリシャの哲学者ヘロドトスが使ったもので「西洋文明の起こりは東方（オリエント、今の中近東）から始まり、西ヨーロッパに広がった」という説で有名だ。後年、東光会の命名を説明するいろんな文章では、「インド詩人の作詩、『東光』から採った」と言われることが通説のようになっているが、「インド詩人」が誰であるかを明示した確かな資料はなく、命名の根拠も定かでない。このころのインドの有名な詩人といえば、アジアで最初のノーベル文学賞を受賞したタゴールがいるが、彼の作詩「東光」は、東光会ができた六年後に作られたもので、しかも韓国の新聞・東亜日報の記者に贈ったものだ。日本の植民地攻勢に揺れていた朝鮮人民を励ます内容であり、アジア解放を目指す東光会の理念とは方向性が少しばかりズレている。また、「光は東方より」を拠り所にした作品としては五高教授をした小泉八雲（ラフカディオ・ハーン、一八五〇〜一九〇四）の短文に同名の作品があり、さらには大阪・大東市の命名、新潟東高校の校章もそうだ。だから、納富に言わせると「九州の一角から日本全体にアピールする意味もあって東光会とした」というのが納得できる話である。

大正十二年四月十五日、五高の裏山、立田山の中腹にある下宿屋の敷地（熊本市黒髪町）に「第五高等学校東光会本部」と書かれた看板が掲げられた。東光会の創立である。江藤と納富が学生服に腕組みして看板の前に立つ記念写真があるが、二人の顔はいかにも壮士である。ここで江藤は誓いを立てた。「我が道は佛にあらず神ならず　ただひとすぢの大丈夫が意気」と。誓いにふさわしく、この下宿屋は由緒深く、話は赤穂義士の討ち入り事件まで遡る。義士たちが主君の仇討ちを果たした後、そのうちの一人を細川家の家臣・堀内伝右衛門が預かった。丁重にもてなしたことを称えた藩主・細川綱利が褒美として伝右衛門に家屋敷を下賜したのがこの民家である。その後、堀内家は細川家にここを返却、茶室用の木炭製造で腕の高い石田民次郎が管理するようになった。東光会本部にした際の家主である。「細川家伝来の土地」だけあって自然環境は豊かで、いま一帯は熊本市指定の「五高の森」になっている。五高生は入学後こそ学内の習学寮に入るが、その後は学校近辺の民家に寄宿する生徒が多かった。石田家は五高生から求められて自宅二階を貸し出し、先人

大正 14 年、立田山荘の東光会員たち。前列左から嘉悦きち、一人おいて石田民次郎、孫・久子、妻キヲ、後列左から江藤夏雄、納富貞雄、平尾正民、中村寧、小柳芳孝、篠原智雄、右端は他校生

には宮内省式部次長になった鹿児島虎雄（明治三十九年卒）、初代華北電業総裁になった宇佐美寛爾（明治四十年卒、東大）、東大教授の大内兵衛（明治四十二年卒、東大）らがいた。東光会の会員はのちには敷地内の炭焼き小屋にまで畳を持ち込んで住み着くようになる。弊衣破帽に羊羹色の黒の紋付、そして放歌高吟、もちろん飲酒も自由でここはまるで中国の英雄伝記水滸伝の「梁山泊」のようになった。初めて訪れた人はその古色蒼然たるたたずまいに驚いた。「山荘」あるいは「やま」と親しみを込めて呼ぶ生活は石油ランプに井戸水、そして自炊、学生たちは日々苦にする様子もなく、むしろ自然豊かな環境を楽しんだ。

綱領、鉄則、会歌の誕生

東光会が発足すると西郷隆盛の『南洲翁遺訓』を研究していた納富貞雄が漢学の素養を牛かして綱領と鉄則を、高橋道雄が東光会の歌の原案を作り、直ちに承認された。

東光会綱領
本会は日本精神の神髄を體得し　東洋人としての自覚を把握し　以て社会人としての其の本然の生活に生きんことを期す

東光会鉄則

一、義に当たりては一身を顧みず　必ず履《ふ》み行う可き事
一、会員相互の間　毫釐《ごうり》の妥協腹蔵ある可からざる事

東光会の歌

一、東亜の岸に波荒れて　標《しるし》の星の影薄く
混沌低き暗雲に　慷慨の胸高誦《たかず》せど
答えは空《むな》し稲妻の　憂いをこめし世なりけり

二、葉末の露《つゆ》は戦《おののき》て　定めの朝は近づけば
暴風《あらし》に荒《すさ》ぶ長江の　濁れる水は寒けれど
幽冥の雲破られて　望みの色は輝けり

三、梢に鳥はささやきて　憂の朝を飛び去れば
感涙うたた熱き身は　ローマの夢は慕はねど
常盤《ときわ》を香る菩提樹の　影の泉に咽《むせ》ぶなり

四、禧《きこ》しき定め廻りきて　今東《ひんがし》の輝けば
怒涛に吠えし暗雲も　織りなす綾の麗はしく
山辺の桜日はうらら　誠の道の行く処

この東光会の綱領と鉄則、会歌は文字通り、会員の思想、行動を縛るもとになるのだが、納富と高橋はどのようにして編み出したのであろうか。確かに明治維新の立役者としての西郷隆盛は「昭和維新」「維新革命」を唱える右派学生たちの象徴のようになっていたが、もう一つ見逃せない人物がいる。「彼らの思考から見てその下敷きに横井小楠と菊池武時があったのではなかろうか」と指摘するのは熊本近代史研究会の堤克彦（一九四四〜、菊池市在住）である。明治維新に至る幕末の動乱期に越前藩主の指南役にもなった熊本藩士の横井小楠は勝海舟をして「世の中で恐ろしい男を二人見た。一人は西郷隆盛、もう一人は横井小楠だ」と言わしめた英傑である。長年、熊本県内で高校教諭を務めた堤克彦は、その横井小楠研究の第一人者として著書も多数ある著名な歴史研究家だ。「私心を捨て、修養を重ねて公に尽くすことを生き方の核心部分に置いている。東光会精神には横井小楠の生き様と尊皇精神が強かった菊池武時の影響も色濃く見える」と言う。そういえば大川周明も横井小楠を高く評価、『復興亜細亜の諸問題』と並んで著名な『日本精神研究』には、冒頭に「横井小楠の思想及び信仰」を持ってくるほど信奉している。五高時代の大川は何度

立田山荘での納富貞雄（左）と中村寧

も熊本市東部の沼山津にある横井小楠の墓前と学問所の「四時軒」に足を運んだほどだから、江藤夏雄が東京で大川と会った時も横井小楠のことが話題になった。江藤は後年、大川が横井小楠を高く評価していたことを書き記し、「功利に溺れず禅に溺れず、大丈夫の心聖賢を希う」との小楠の言葉を紹介している。だから、納富と江藤の会話から小楠が話題になり、その思想を背景にして綱領が生まれたのであろう。「東光会日誌」によると学生たちはその後、何かにつけて横井小楠の墓前に出かけ、墓碑近くの小楠・四時軒を訪れて誓いを新たにしている。五高卒業後、東京帝大に進学し、神戸新聞の常務取締役をした原正（昭和十一年卒、東大）などは卒業前の二・二六事件勃発の日に墓前に額づき「いま私は卒業する。あなたの宿願を私が果たします」と誓っている。後輩たちもまた建武の中興で後醍醐天皇に忠誠を捧げた菊池武時を奉る菊池神社（菊池市）に度々行っては同様のことをしている。実に一途である。ここに綱領、鉄則、会歌が生れる下地があった。

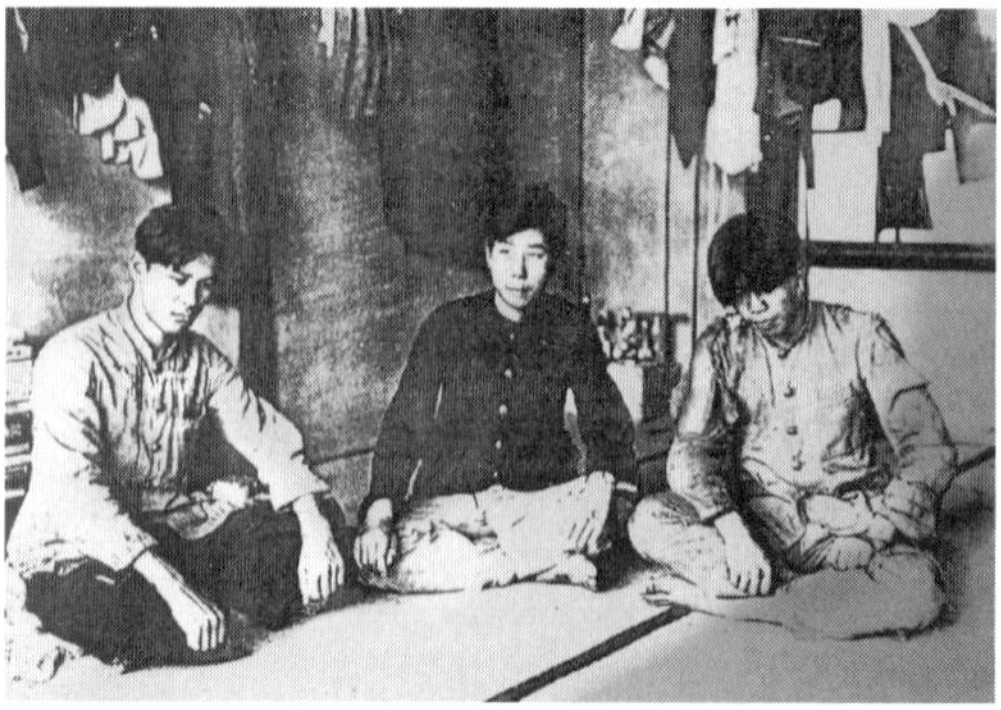
昭和10年ごろの山荘住人、左から原正、綱脇貞美（戦死）、古賀烝

　東光会は創立から一〇日後に学内の公認団体となり、顧問に高森良人教授（一八九四～一九八五）と鈴木登教授（一八八八～一九五四）を迎え、組織としての体制が整った。学校では放課後の教室で高森教授から佐藤一斉著の『伝収録欄外書』を教わり、

石田家２階に掲げてあった徳富蘇峰筆の綱領掛け軸（現在は熊大五高記念館にある）

「王陽明の哲学」を学んだ。鈴木教授からは「日本の精神」を聞き、教養を深めた。また、学外にあっては旧制熊本中学（現熊本高校）初代校長の野田寛（一八六六〜一九五四）や九州日日新聞（現熊本日日新聞）社長の山田珠一（一八六五〜一九三四）から多くの薫陶を受けた。

旧制高校が特異なのは、そのエリート性である。頭脳集団としては日本の進学校のトップたちをごっそり集めたような若者たちで、「末は博士か大臣か」と言われるほどの聡明さと高いプライドを兼ね備えていた。旧制高校の定員が帝国大学の定員と同数なので、大学の入学試験を心配することはなく、東京帝大を除けばだいたい希望通りの大学に進学できた。教育的には教養、とくに語学（英語とドイツ語）と人格形成が主眼に置かれた。いまでも学制改革が論じられると、必ず「旧制高校の復活」が提唱されるほどだ。肩まで伸ばした長髪に高下駄を履いての闊歩、三年間の学生生活は今からは考えられないほどの自由奔放な青春時代であった。

奔放といえば奔放、実に自由な精神で、先の綱領と鉄則を徳富蘇峰に筆耕依頼したやり取りは誠に直線的である。東光会発足七年後の昭和四年（一九二九）、西南戦争五〇周年の記念講演で熊本へ来た蘇峰を脇山良雄（昭和五年卒、京大）と鳥巣通明（昭和六年卒、東大）、堀光之助（昭和六年卒、京大）、吉峯徳之助（昭和六年卒、九大）、鰺坂貞成（昭和六年卒、京大）、福山郷太郎（昭和七年卒、九大）が定宿だった熊本市の研屋《とぎや》旅館を突然訪れて書いてもらったというから蘇峰も驚いたろう。この筆耕はその後、掛け軸となり、東光会員の精神的拠り所となった。

「アジア解放」「日本精神の研究」を主唱しながらも、初期の東光会はむしろ研究、修養団体であったといえよう。社会思想研究会の学生からは反社会主義、反マルクス主義などから「右派」「右翼」「反動」とけなされながらも彼らは大川周明の『日本精神研究』や北一輝の「日本改造法案大綱』、あるいは満川亀太郎、安岡正篤（一八九八〜一九八三）の著書を読み、甲論乙駁の討議を繰り返した。書かれた文集はいずれも相当に難解な内容である。二十歳前の若者がこんなに難しい本を読んだのか、と感じるのは現今の高校、大学生と比較するからである。例えば、大川周明の著書『日本二千六百年史』の「序」には次のような文言がある。

昭和４年、大川周明（中列中央）が来た際、東光会会員と記念写真。大川の左は山荘の家主・石田民次郎

「さて日本歴史は、日本の国民的生命の発現である。此の生命は、肇国このかた一貫不断の発展を続け、日本国家に周流充実して今日に及んでいる。故に日本に生れし一切の国民は、皆なこの生命を自己の衷に宿して居る。吾等の生命の奥深く探り入れば其処に溌剌として躍動する生命がある。この現実の生命を、時間秩序に従って認識せるものが、取りも直さず歴史である」

このころの著書やパンフレットは大方この調子である。これらを山荘に集まってその意味するところを論じ合った。いわば輪読である。忘れてならないのは、このころの皇室観である。天皇は神であり、現人神《あらひとがみ》でもあった。この精神的ベースは東光会の一方の旗頭でもあった。学生たちは講演会も開いた。大正十三年六月には大川周明が熊本に来て講演している。その時の様子を記した文章がまた仰々しい。

「六月十日暁星、大川周明氏来熊す。陸路数百里はるばる我らのために西下せらる。会員一同駅に出迎えた。眼光を威、六尺近き巨躯をプラットフォームに現わさる。先生の快言痛快無比。歴史的事実を根拠として日本現時の急を告ぐ。誰か聴く者、発奮興起せざらん」。いまで言うなら大川の風貌は威圧的だ。身長一メートル八〇センチ、体重六三・八キロの痩せた体に羽織袴、黒縁のメガネをかけていた。ソフトムードの安岡正篤、満川亀太郎とは大いに異なった。いずれの講演でも学生たちは興奮し、認識を新たにした。このような精神的活動こそ修養の蓄積になり、「五高生活は東光会だらけだった」というのもうなずける話である。

鹿児島出身の吉峯徳之助（昭和六年卒）は言っている、「こんな面白いところを三年で出て行くの

昭和５年、東光会本部を訪れた沢木興道（中央）、前列左から江藤夏雄、納富貞雄

はバカだ」として六年在籍、九州帝大でも六年過ごした猛者である。豪傑で鹿児島の自宅近くに楠木正成を奉る「楠公神社」を建てたり、特高（特別高等警察）が右派の要注意学生として尾行を続けたことも有名にした。また、現在の熊本大学の図書館敷地はかつて麦畑だったが、これも東光会員の中村寧が学校側の運動場建設に反対して「東光原に立ち入るべからず」との立て看板を密かに立てたことから「東光原」になったとの逸話がある。彼らは本能のままに青春を謳歌し続けた。

禅僧・沢木興道と出会う

ところで、学生たちの修養に大きな影響を与えた人物として禅僧の沢木興道（一八八〇～一九六七）がいる。沢木をして五高生たちとの交流を「あの自然児たちとの交わりが私の生涯に大きな転機となった」と言わしめたほどだ。

沢木は明治十三年、三重県津市に生まれ、幼少のとき両親を亡くし、叔父宅に預けられたが、その叔父も早世、親類宅に養子となった。破天荒な養家を一日も早く飛び出そうと、福井県の永平寺を訪ね、禅僧を目指す。しかし、なかなか認めてもらえず、ついに全国放浪の旅に出て、熊本県・天草のお寺にたどりつき、やっと許されて和尚になった苦労人である。日露戦争に出征、除隊後に奈良の法隆寺近くで猛烈な修行と勉学にいそしみ、ついに宗門では「大学院」を出たのと同等の職階として認められるようになった。努力の人で権威や名声を歯牙にもかけず、ある時、「陛下へのご進講」を持ち掛けられたが、即座に断ったという裏話が残っている。大正五年に熊本市川尻の名刹・大慈寺の住職代理になってから本領を発揮する。天衣無縫、無私の沢木の言動に注目したのが、五高の仏教青年会だった。学生たちは大正六年、沢木を講師に招き教室で話を聞いた。割れ鐘のような大声で開口一番に発した言説はいまも語り草だ。

「諸君の仏教に対する従来の概念を一掃せよ。お寺に仏法なく、坊主に仏法者稀なり。現在の寺や坊主は葬儀屋に過ぎない」と散々に宗門の悪口を言う。続けて「諸君、諸君から食い気と色気を取り除いたら何が残る」と問いかけられたものだから、学生たちは意表を突かれた。「真理の研究」や「人間をつくれ」と論じていた学生たちは「この坊主はちょっと違うぞ」と度肝を抜かれたのである。

学生たちは魅せられた。こうして五高生と沢木の師弟関係が始まるのだが、仏教青年会による

「沢木講演会」の看板を見たのが東光会の納富貞雄である。「なんだか、面白そうだ」と星子敏雄や小柳芳孝、高橋道雄ら一〇人を誘っての大慈寺参りが始まった。真冬の広い本堂で行うのはひたすら座禅である。「無私になれ」「平常心是道」と言われて困ったが、何十時間も座禅が続くと足のしびれに耐え切れず、もぞもぞすると警策が「バーン」と飛んでくる。耐え切れず逃げ出す生徒も出てきた。「我慢、我慢、ひたすら我慢」。それでも座禅は続く。ある時、学生が尋ねた。「座禅は何のためになりますか」「何のためにもならん」と返ってくる。「悟りのためではないですか」「悟りもまた迷いじゃ」との答えである。一方、沢木和尚が三時間もかけて禅のことを教え、「どうだ、分かったか」と聞くと「分かりません」とのやりとり。学生たちは「女郎屋（遊郭）に行ってきた」体験を披歴するなど、思ったことを遠慮なく話し、その反応を探るので、沢木和尚も勉強した。お寺の鐘や太鼓を勝手にたたく者もいたが許した。こうして師弟関係は深まるのだが、「無心になって苦行に耐えるとき、本当の自分を見つめる契機になる」ことを学生たちは知った。後年、沢木はこの時代を振り返って「彼らは既成の宗教をてんで信用していない自然児たちだった。だから私も真剣になってかれらと対峙した」と語っている。アジア解放や日本改造などの難しい話ばかりでなく、こうした心の修養は、また一方で東光会の求める方向性であり、学生たちの生きる糧になったのは言うまでもない。

東京帝大を卒業後、満州に渡り、敗戦でソ連に抑留されてシベリアの監獄に一一年間幽閉された星子敏雄（戦後、熊本市長を四期務めた）は「和尚に教えられた無私に生きる座禅の意味が死線を超えた私の監獄生活の支えになった」と述べている。

沢木の意志は沢木が熊本を去っても生き続けた。沢木は日本中に散った東光会の会員とは各地で出会い、満州伝道で奉天や吉林、ハルビンなどを回った際には「どこにも五高ＯＢがいたので歓待され、「汽車は全て一等車を用意してくれた」と懐しんでいる。満州にいた星子敏雄や江藤夏雄、中村寧たちは沢木に恩返しをしたのである。

沢木和尚は一時、熊本駅裏の万日山を拠点にしたが終生、寺を持たず、戦後は駒沢大学教授に就任、昭和四十年十二月二十一日に亡くなった。享年八十五。死後は京都大学に献体された。

五高時代はどっぷりと山荘に漬かってきた東光会の創立メンバーも、二年後の大正十四年には卒業を迎えた。巣立ちである。それぞれ全国の帝国大学へ進学することになったが、星子敏雄（東大）が言っている。「まじめで、研究熱心なのは東京帝大に行った。元気で鋭い奴は京都帝大に進んだな」。創立会員三二人中、判明している進学先は東大一六人、京大四人、九大一人である。他の一〇人は残念ながら残った資料からは不明だった（会員の進学先、経歴等については末尾に一覧表を掲載）。

東大「日の会」に加入

東大に入った中で早速、「日の会」の門をたたいたのが星子と納富貞雄に平尾正民だ。東光会の兄貴分に当たる組織であり、考え方など方向性はよく似ているので躊躇しなかった。次いで翌年には圓佛末吉、廣瀬正雄、駒田錦一、正木正らが加入した。日の会は東光会のように書籍の輪読や、論議を中心とする修養の日々とは異なり、実に実践的な活動が多かった。星子たちにすればそれはそれで刺激的だった。大半の一般学生は高等文官試験（国家公務員上級職・今で言うキャリア職）を受けるための準備に余念がなかったが、「日の会の連中はそんなものには目もくれず、明けても暮れても維新、維新、満州だったな」と星子は振り返る。そんな日の会のメンバーが私淑したのが東京帝大史学科卒の東洋歴史学者・松井等国士館大学教授（一八七七～一九三七）である。松井教授は東大卒業後、東大の資料編纂掛りになり、満州史・地理の研究では気鋭の学者で鳴らしていた。早稲田大学、東洋大学、日本大学、大正大学でも教鞭をとり、五高時代から「アジア解放」「中国との友好親善」を唱えていた星子たちにとって、満州に詳しい松井の教えは考え方の基本になるほど骨身にしみたものとなり、時には自宅にまで押しかけてその教えを乞うた。もう一人、これも東大教授で憲法学者の上杉慎吉（一八七八～一九二九）がいた。圓佛末吉と廣瀬正雄は代々木の下宿屋で一緒に暮らしていたが、暇を見つけては上杉の自宅に通った。上杉はあの「天皇機関説」を巡って美濃部達吉（一八七三～一九二九）と憲法学史上に残る激しい論争を繰り広げ、「天皇主権説」を展開した尊皇主義者である。「国家の統治権は無限であり、国法は天皇を拘束せず、天皇の命令に臣民は絶対無限に服従し

東大時代の圓佛末吉

なければならない」とし、「議会も国家にとって不可欠の機関ではない」と主張していた。桐花学会、木曜会と名付けた研究団体も作り、国家主義学生運動の源流とも言われた著名な学者だった。東光会時代から尊皇精神の強かった二人は共感して教えを受けたし、また新しい知的興奮を味わったものだ。

　話を少し遡ると、大正末から昭和初期にかけての年はアジア復興運動にとって最も活発な年だったとも言われている。大川周明は安田生命保険のお家騒動に絡んで北一輝と対立、あげくには猶存社を解散し、新しく「行地社」を設立して機関紙「日本」を発刊した。大川や安岡、満川の著書、パンフレットは全国の大学同志たちに配布された。星子たちが東大に入学したのはそんな空気の真っただ中だった。地方の学生たちは頻繁に上京して大川らの教えを受け、大川ら大御所たちは全国講演を始めた。もちろん納富貞雄、平尾正民もついて回った。仙台や青森、金沢に出かけては当地の学生、青年たちと「日本精神」「アジア解放」を話し合い、日の会の考え方を宣伝した。いわば、「戦士」になったのである。当然、東光会の山荘にも来た。その際、満川などは横井小楠の四時軒に出向いて墓参をしたほどである。そんな中で異彩を放ったのが青森の弘前高校から来ていた伊東六十次郎（一九〇五〜一九九四）だった。伊東は頭脳明晰で理論家の論客である。剛毅朴訥を校風とした五高生と異なり、ズーズー弁丸出しで、東北人らしい落ち着いた粘りの人柄を発露した。大川周明を尊敬することは人後に落ちず、のちに大川と一緒に「五・一五事件」にかかわり、一年間にわたって拘禁されたこともある筋金入りのアジア主義者に育つ。このように日の会には全国から強《つわ》者《もの》が来ていたが、ここで「五高の存在意義を」として打ち出したのが、平尾正民による日の会の分裂事件である。「どうも突破力がない」と活動の物足りなさを補う意味で名前を「暁明会」に変えた。当時の東大は社会主義理論など左派系学術が主流である。平尾が言う「日本歴史の新しい先駆けになる」との意気込みでつけた暁明会は東光会の持つ質感とそっくりだ。そして五高出身者を中心にその同調者がごっそり抜けたので伊東が怒った。日の会はほぼ分裂状態になった。平尾もまた優秀なオルガナイザーで、大川は日ごろから「俺の後継者は平尾だ」というくらいに期待を寄せていた学生だった。インドからの亡命戦士ラース・ビハリー・ボースの講演会では平尾が英語を通訳するなどの動きはあったが、それでも全体として活動は鈍く、時として、大川の持ち込んだ講演会を共同で開催するぐらいの日々のなかで、惜しいかな平尾が結核に冒されて亡くなり、暁明会はもとの日の会に戻った。

一方で京都帝大組はどうなったか。当初、東京「行地社」の動きと呼応するように関西でも急速に機運が盛り上がり、京都大の中野琥逸（一九〇六〜）を中心にして関西「行地社」が設立され、その同志に加わったのが東光会出身の江藤夏雄や篠原智雄、高橋道雄、それに東光会のシンパだった五高出身の片岡気介、岩崎衛、庭川辰雄、若林持一、松本朝明、林茂が合流した。翌年の大正十五年には東光会から中村寧、曽我孝之、五高から井上運二、吉川溶一、松尾信行が入学して仲間になった。こうして大正十五年六月二日、全国の高校（一高、三高、四高、五高、六高、七高。佐賀高、高知高、新潟高、浦和高、松本高、静岡高）から入学した計五四人によって「京都帝国大学猶興学会」がスタートした。命名者は京大文学部教授の狩野直喜（一八六六〜一九四七）。肥後国（熊本市）生まれの狩野は京都支那学会創始者の一人で、中国に留学した際は義和団事件にも巻き込まれたことのある名うての漢学者である。猶興学会には五高から一四人も参加、彼らは必然的に中心メンバーになった。そして「現在の日本は完成せられた国家ではなく、いままさに完成の道程にある国家である。我々の魂は、無限の鍛錬と向深とに依って益々その道義的価値を発展させられねばならない。そして日本の制度組織も我々の道義的理想に相応して改革が加えられなければならぬ」と訴えた。設立趣意書は東光会出身の篠原智雄が起草したが、それが東光会綱領の延長線のようになったのは当然であろう。

主旨

　我が国建国の精神に則り、国民的理解を確立するにあり

綱領

一、公正なる立場を以て我が国建国の根本精神を極め、光喜ある伝統の維持およびこれが発揚に努む

一、浮華放縦をしりぞけ、軽佻詭激を矯め、以て重厚堅実なる日本精神の涵養振作に努む

一、常に諸学の綜合的見地を持し、国民文化の研究を進め、国民的自覚を促さんことを期す

この趣意書ついて篠原とともに中心的に起草に当たった中村寧が分かりやすく言っている。①維新日本の建設 ②国民理想の確立 ③精神生活における自由の実現 ④政治生活における平等の実現 ⑤経済生活における友愛の実現 ⑥有色民族の解放 ⑦世界の道義的統一。この綱領の精神もそうだが、右派の学生たちが好んで使う「昭和維新」「維新革命」「日本改造」はもちろん明治維新と同じように日本の立て直しを狙ったものに他ならない。徳川幕藩体制から近代国家への脱皮となった明治維新になぞらえ、第一次大戦後の閉塞した政治体制や世界的不況で就職もままならない経済状況、さらには大正から昭和へかけての社会科学研究の勃興など思想環境の激変、これらの要因が大川周明や右派学生にとって「日本を危うくする元凶」として映り、西欧列強の攻勢を跳ね返すためには「強靭な日本に作り直す」強烈な危機感がバネになっていたものである。「自然主義、享楽主義の横行と極端なる物質主義の跳梁に鉄槌を下す」との意気込みで二十代前半の学生たちが真面目に「昭和維新」を叫んでいたことを侮ってはならない。この一途さはのちの日本の社会状況の中で杭となって表れるのであるが、このことについては別項で述べたい。

さて、猶興学会には大川周明や安岡正篤、満川亀太郎がかかわったのはもちろん、新たに笠木良明（一八九二〜一九五五＝満州鉄道・東京東亜経済調査局）も引っ張り込んで指導者として加わった。意気込み宜しく大きな飛躍を遂げるかと思われたが、大川周明と北一輝が決裂したあと、今度は笠木良明の離反によって行地社も分裂気味になり、猶興学会も余波を受けて活動が鈍ってしまう。残念なことではあったが、それでも学生たちは細々ながら動いた。この間、江藤夏雄や中村寧たち、それに東京の日の会組も星子敏雄や伊東六十次郎など初期の右派学生の多くが卒業、満州に渡ってしまった。

血盟団事件の余波

そして昭和七年二月、猶興学会にとっては決定的に打撃となる事件が起きた。会員のうち二人があの血盟団事件に関与していたのである。そのうちの一人は星子敏雄の弟・毅（こわし＝一九〇八〜一九四二）だった。熊本の旧制鹿本中学から五高、京大を通して毅は剣道一筋の学生で、一刀流の使い手としては全国の高校剣士にその名を鳴らし、昭和三年の京都大会では六高（岡山）を撃破する活躍を見せた。酒豪、寡黙、一本気な性格は五高の校風「質実剛健」を地で行く剛直な学生だった。星子毅ものちに東光会の客員会員になるのだが、五高時代や京都帝大に入るまではむしろ東光会的な声高な言動に嫌悪感を抱いていた学生だった。流行りの社会思想研究会メンバーと仲が良く、東光会員が「髪の毛をざんばらに伸ばし、壮士風の風体で学内をのし歩く」姿が「身だしなみを整える」剣士の心得として許せなかった。「紋付（袴）で威張りくさるのは余り自分の気風に会わなかった」（血盟団事件公判記録から）のがどうして究極としてのテロリストになったのか。

血盟団事件当時の星子毅

京大に入った昭和五年、星子毅は東光会ＯＢで京大にいた二年先輩の田川博明（昭和四年卒、京大）から猶興学会入りを勧められ、直ちに入会した。「剣道ばかりしていたので少しは社会勉強が必要だろう」との単純な動機だった。そのうち猶興学会がマルクス主義と対立した関係にあることを知り、「相手を知らねば対抗できぬ」とばかりに猛烈に関係書籍を読み漁り、一時「星子はマルキストになった」と言われるばかりにのめりこむ。そして、「唯物史観はこころをなおざりにし、物質万能の考えだ。皇国たるいまの日本に悪弊をまき散らしている」と結論、まさに剣道の極意のように「相手のスジを読んでしまった」。そうこうするうちにこれも五高の剣道部の先輩で京大では猶興学会結成に参加した庭川辰雄が満州から勉学のために一時帰国、激動する「国際情勢の話を聞き」影響を受ける。アジア、中国を中心とした西欧列強のせめぎあいに日本がどのように対処しなければならないか。庭川の話は剣道一筋だった星子毅には新鮮で衝撃でもあった。剛直だったばかりに思想的核心が毅の体内に一直線に浸透していく。その後は猶興学会の中心的立場になり、ついには京大同志の田倉利行、森憲二とともに血盟団事件に突き進む。京大に来てわずか二年のことではあるが、そのからみつくような遠因に東光会の人物が関わっていたのはこれも不思議な因縁である。

東光会会員に多大の影響を与えた四元義隆

「農村の疲弊、社会の腐敗、経済混乱の元を断つには元凶の人物を抹殺する以外にはない」と唱える右翼団体「護国団」の主宰者・井上日召（一八八六～一九六七）は「一人一殺」を掲げて同志を集める。その投げ打った網に京大猶興学会の田倉利行がかかり、次いで星子毅も共鳴する。昭和六年の暮れ、毅は田倉と上京して井上たちの感化を受け、東京帝大の学生四元義隆（一九〇八～二〇〇四）と同志になる。この四元は鹿児島の第七高等学校出身で、東光会とは事件後、そして戦後も長く関係を持ち続ける。

血盟団の標的になったのは政財界の要人二〇人。元老の西園寺公望、侍従長の鈴木貫太郎、民政党の若槻礼次郎、井上準之助、それに立憲政友会総裁の犬養毅。大正十二年春の江藤夏雄・大川周明会談を取り持ったあの犬養である。東光会結成のきっかけを作った恩人でもあり、江藤がこのことを聞いたら即刻止めさせただろう。この他、政治家として鈴木喜三郎、牧野伸顕、幣原喜重郎、それに徳川家の十六代当主・徳川家達、財界からは三井合名の理事長・團琢磨、三菱財閥の岩崎小弥太らがテロの対象になった。

最初の事件は昭和七年二月九日夜、東京・本郷で起きた。前蔵相の井上準之助が団員の小沼正（おぬま・しょう、一九一一～一九七八）に、次いで三月五日、團琢磨が日本橋で菱沼五郎（一九一二～一九九〇）によってピストル射殺された。星子毅はこの事件を京都の下宿で知った。星子毅らが四元義隆から指示された標的は牧野伸顕と若槻礼次郎で、渡されたピストルを持って演説会などで襲撃の機会をうかがったが、いずれも目的を果たせなかった。事件に驚いた警察のメンツをかけた捜査で関係した十四人が逮捕された。星子毅は京都の下宿にいたところを逮捕された。井上日召を知ってわずか三か月後のことだった。裁判が始まると、当時の社会の厭世気分を反映して血盟団事件の反響は大きく、法廷で被告人らは存分に動機を主張、まるで血盟団宣伝の場ともなった。毅も「まこと」の大事さを訴え、マルクス主義の問題点などを長時間に渡って披瀝した。それらの訴えがまた国民の共感を誘い、あろうことか減刑嘆願運動が沸き起こった。公判は延々と九二回、昭和九年十一月二二日、二年半掛かりの裁判に判決が下りた。殺人事件という重大犯罪だったのを受けて首謀者の井上日召と殺人実行犯の小沼正、菱沼五郎に無期懲役、他は四元義隆も含めて懲役十五年から同三年で、星子毅には懲役四年（求刑六年）の実刑判決が降りた。熊本刑務所で満期一杯服役したが、時の政界や政権内での同情論は根強く、井上日召らは昭和十五年までに恩赦で出獄する。無期懲役が一転して服役八年になったという短かさこそ時代の空気を象徴しているように思える。この事件によって猶興学会への警察、大学の監視の眼も厳しくなり、実質的に活動停止に追い込まれた。血盟団事件は関東軍の謀略によって満州国が誕生した年に発生したもので、このころの日本は軍部によるクーデター未遂事件がうごめき、犬養首相が暗殺された五・一五事件（昭和七年）、さらには二・二六事件（昭和十一年）、第二次世界大戦（昭和十六年）へと軍部独裁を誘引する象徴的な出来事ともなった。ちょっと脇道にそれるが、この五・一五事件もまた国民の共感を誘い被告軍人や大川周明ら民間人共謀者たちへ減刑運動が起きた。「今こそ国家革新だ」とばかりに東光会も減刑運動に加担、毎晩のように宣伝ビラと糊の鍋を下げて熊本市内を歩き回り、電柱に貼り続けた。あげくには九州一円を演説して回ったというから相当に気合を入れたものだ。右派学生たちの唱える「昭和維新」のとば口が大きく開いたかに見えた事件でもあった。

血盟団事件によって各大学の国家主義活動は打撃を受けたものの膨らみかけた活動の芽がしぼ

むことはなく、昭和七年三月、まず東大でのちに「平泉史学」「平泉史観」ともいわれる平泉澄（きよし・一八九五～一九八四）による「東大朱光会」が設立された。福井県勝山市の神社家に生まれ、東大国史を主席で卒業した平泉澄の歴史研究は高く評価され、若い時から「国家主義者」を自認、昭和天皇に「楠木正成の功績」を進講、満州では建国大学の創設に参加、皇帝・溥儀（一九〇六～一九六七）に日本の歴史を教授するなど当時は日本を代表する皇国史観学者と言われた。地方の高校生にもその名を知られ、昭和六年に五高・東光会から東大に入学する鳥巣通明（長崎）は同級生の吉峯徳之助と相談の上、「平泉学校」に入塾した。否、「平泉先生に教えを乞うために東大へ行った」と言うまでに心酔、そこでメキメキと頭角を現し、塾頭に抜擢されるまで評価された（鳥巣についてはⅡ―第二章で詳述）。次いで、昭和九年にはともに長崎県出身の播磨三郎と岩永（かずえ、のち泰岳に改名）、昭和十一年にはこれも「平泉先生の歴史を学びたい」と原正（福岡）も入った。東光会時代に体内に入った皇室崇拝は平泉に接して血肉となりつつあったのである。旧制熊本中学時代から朱光会を慕っていた内尾太郎（昭和二十年卒、九大＝熊本市で外科医院開業）の思い出は、平泉を尊敬していたエピソードに十分だ。血盟団事件に加わった四元義隆が出所後、山荘に来てこんな会話を交わした。四元義隆「おれが平泉澄をバカだと言ったらお前はどうするか」、内尾太郎「あなたを斬ります」とやって内尾は四元からビンタを張られたという。誠に熱い心情である。この間、平泉澄は自宅で「青々塾」を開講、訪れた陸軍の若手将校にもじわじわとその教えが浸透、「クーデター未遂事件」や太平洋戦争で「皇軍」という言葉が生れる下地になったとも指摘された。そして、朱光会の門下生は戦後もしぶとく生き続ける。

京大清明会、九大皇道会の発足

一方、京大では血盟団事件への参加で猶興学会が打撃を受けたとはいえ、息の根を止められるほどでなく、脇山良雄（昭和五年卒）、渕上雄二（昭和五年卒）ら東光会出身者らによる振興学生協会が細々と活動を続け、学内の底流では着々と再結集の動きが始まっていた。研究会、座談会を続け昭和八年十月、ついに「京大清明会」が発足する。この経緯について昭和九年版内務省警保局の「社会運動の状況」が詳しく分析している。それによると「京大農学部長・橋本伝左衛門教授（一八八七〜一九七七）」の指導で規約を作り、京大清明会を結成した」とし、その中心人物に「播磨二郎」（昭和八年卒）の名前を出している。この播磨は弟・三郎（昭和九年卒、東大）とともに長崎県出身の東光会員で、二人とものちに退学して九大に転校するが、猶興学会を作った江藤夏雄や中村寧などに続き、東光会出身者がこのような形で精神を継承していたのである。その綱領も東光会、日の会に似て、

一、吾人は一君万民の理想に基づき、真正日本の建設を期す
一、吾人は学徒としての研究的態度に立脚して、祖国日本の改造原理を明にす
一、吾人は日本精神の体得に依り、重厚堅実な涵養に努む

としている。

理念は共通しているからであろう、清明会ができる直前に「三帝大連盟」の結成が提唱されていたとの事実を内務省警保局は記載している。この三帝大とは「東大朱光会」「京大清明会」「九大皇道会」のことで、東大の鳥巣通明が提唱、いずれも組織の中心人物は東光会出身者かその仲間たちである。だが、三帝大連盟は大学当局の圧力で結成できなかった。特に、京大では学外の組織と連携するようなことは厳禁するとして対外活動を禁止、事実上の活動停止に追い込まれた。

その活動が再びうごめき出すのが昭和九年、東光会出身の幡掛正浩（昭和九年卒）が入学してからである。このころはまだ血盟団事件の公判が続き、全国で助命嘆願の動きが活発になり、右派学生の血も騒いでいた。幡掛正浩は四方八方走り回ってこれら学生を糾合、昭和十年、清明会は息を吹き返す。幡掛は京都の警察、公安関係者から「右派の要注意人物」とされ監視対象になったほどである（幡掛の足跡についてはⅡ—第二章で詳述）。

京大清明会にはその後も東光会出身者の加入が続き、京都の北、修学院近くの北白川には「清明学寮」まで設けられた。この寮は東光会の山荘と同じような性格を持ち、東光会出身者には下宿探しも要らない便利な住まいとなった。山野逸次・黒岩正憲（昭和十二年卒）、松山喬安（昭和十三年卒）、金森喜三郎・金沢一郎（昭和十四年卒）、肱岡稔治・西田廣義・賀部泰臣（昭和十五年卒）、井上義美・細川清春・小宮栄吉・田崎威（昭和十七年卒）、多々見恭資（昭和十八年九月卒）、木村倫平（昭和十九年九月卒）が入り、保坂哲哉（昭和二十年卒）が最後の入寮者になった。

五高、九大に12年在籍、九大皇道会を立ち上げた吉峯徳之助（前列右）

一方の九州帝大にも五高から多くが進学し、東光会出身の吉峯徳之助（昭和六年卒）を中心に九大皇道会が結成された。九大には師がいた。法文学部教授の鹿子木員信（一八八四～一九四九）である。鹿子木の父親は旧熊本藩士。鹿子木は京都帝大を卒業後、大川周明や北一輝の猶存社結成にも参画、紆余曲折を経て九大に来ていた。大学では国家主義教授として鳴らし、学内では満蒙研究会や九大皇道会の指導者として学生の衆望を集めていた。東光会出身者は新入生が入学してくると「スキヤキ会」を開いて歓迎。山荘での懐旧談に浸ったのは言うまでもない。九大皇道会員もしょっちゅう山荘を訪れては「国家の行く末」を論じ、後輩を鼓舞した。鹿児島出身の吉峯徳之助が亡くなったときは皇道会メンバーが葬儀に駆け付け、弔電、供花を出した。

次いで昭和十六年六月には九大在学中の東光会員だけで「東光会福岡支部」を旗揚げ、本渡幹夫、松永安弘、堤康弘、中村寿男が中心メンバーになった。

大川周明や北一輝の影響を受けた江藤夏雄や納富貞雄、星子敏雄ら初期の東光会は明らかに「アジア主義」「修養団体」であったが、平泉澄や鹿子木員信の影響下にあった昭和十年以降からは国家主義の色彩が色濃く、東光会も「思想団体」に変質したと言えよう。さらに、日中戦争や大東亜戦争、太平洋戦争ごろになると、出征や学徒動員で自らがそれらの戦乱に関わらざるを得なくなり、修養、思想研究に割く時間が不足気味なってしまったというのが実情である。

四元義隆との交誼

ただ、OBが全国の大学に広がり、そのOBたちが社会に出て人脈ができると必然的に活動も行動的、横断的になる。血盟団事件や五・一五事件の減刑運動がもたらしたものは東光会の存在感であった。一時は「九州愛国陣営のメッカ」とまで称されるようになり、当然のように東大、京大でも中心メンバーになった。そして、それらを横軸のように結んでいたのがこれまでに何度も出てきた四元義隆である。

東光会にとって四元はいつしか頼れる存在になっていく。血盟団事件では東大在学中の現役学生だったものの、主犯格に次ぐ量刑（懲役十五年）の重さで、いかに重要な役割を果たしたか見て取れる。四元も昭和十五年、約半分の刑期で出獄した。時代は日本軍が中国大陸の奥深くに入って泥沼状態になり、太平洋戦争に突入する直前である。四元は熊本にはしょっちゅう姿を見せて山荘を訪れた。昭和十八年春、五高の習学寮で講演した時のこと、「威あって猛《たけ》からず」の風貌と国家権力に立ち向かった圧倒的なカリスマ性に学生たちは興奮した。講演後、五高生の一人が四元から「第一義」と手書きした扇子をもらい狂喜乱舞する。「義」は四元が大事にしていた言葉だった。その学生はのちに著書『清貧の思想』がベストセラーになった評論家の中野孝次（一九二五～二〇〇四）である。「同じクラスの中野は左派の進歩的な学生だったので珍しい光景だった」とは東光会のメンバー萱嶋太郎（昭和二十二年卒、東大）の目撃談である。なぜそのことが印象に残っているかと言うと、萱嶋と中野は歴史認識を巡りしょっちゅうクラスで論争をしていたからである。

一方、東光会側も四元義隆の手引きで鹿児島によく出かけた。合宿と称して七高の「集義塾」とは刎頸《ふんけい》の交わりのように交流した。なぜならこの集義塾を開いた七高造士館の久保田収教授（一九一〇～一九七六）は東大文学部時代にあの平泉澄教授に師事、東光会出身の鳥巣通明とともに朱光会、青々塾を創立した歴史学者だった。戦後は神道史学会の創立に加わって会長になり、皇學館大學の創立にも関わって教授になるなど、国家主義、皇室崇拝主義を貫いた学者である。だから東光会のメンバーにすれば集義塾は兄弟会にも等しい気の許せる存在だったと言えよう。鹿児島へ出向くと、西郷隆盛終焉の地を訪ねて座禅を組み、集義塾の会員と痛飲するのが決まりになっていた。それもこれも四元がいたからであり、このように四元と深くなった交流は卒業後も東京で、あるいは就職先で世話になり続ける。その四元は戦後日本の保守政界へ隠然たる影響を持ち、佐藤栄作から中曽根康弘、細川護煕など歴代首相に助言を続け「政界の指南役」とも言われてきた。

いったん「義」を結んだら、その契りは強く、また団結力も堅いものが東光会の歴史には随所にみられる。これもまた、この組織の特徴の一つであり、会員たちが青春時代を超えて見せつける力でもあったように思える。

第三章　なぜ満州をめざしたのか

東光会、日の会、烽の会、そして行地社、猶興学会、朱光会、清明会と右派系学生の動きは大正時代の末ごろから、その理論を実践すべく「満州」へ向けたエネルギーとなって弾みを加える。アヘン戦争に負けて西欧列強の植民地政策に翻弄されていた中国に対して、大川周明が唱えていた「アジア解放」「西欧列強の盾になる」思想に呼応したもので、多くの若者たちが理想に燃えて満州に渡った。東光会の出身者たちはその「核」になった観すらある。

現在の中国・東北部をかつて日本人は「満州」「満蒙」と呼んだ。日本人が手掛けたその「満州国」は昭和二十年、太平洋戦争の終結によって崩壊するのだが、中国の人たちに言わせると東北部地域（遼寧、吉林、黒竜江、熱河各省）はあくまでも中国の領土であり、満州国を日本が侵略した「偽満」（ウェイマン）と呼ぶ。そんな地域で若者たちは何を目指したのか。

その手掛かりとして明治中期から昭和にかけての「満州」地域の国際情勢と日本の絡みを理解しておく必要がありそうだ。少し歴史を紐解いてみよう。

植民地化防ぐ生命線

日本が中国の東北地方を強く意識しだしたのは、直接的には日清戦争（一八九四〜一八九五）を契機にしてからである。中国（清国）からの弟分扱い、つまり属国扱いから逃れようとする朝鮮政府を日本が応援、助太刀する意図を持って介入し、結局は日本と清国の戦争になってしまったもので、朝鮮政府内での意見の対立、内紛もあったが、ある意味では影響力を強めたい日本の内政干渉でもあった。日清戦争で日本は勝利するのだが、この際の戦場が当初は朝鮮半島の中央部、今の平壌（北朝鮮）から黄海海域に広がり、最後は中国の遼東半島まで拡大して本格的な国際紛争になってしまう。この地域での権益をめぐって、西洋各国は自国権益との思惑もあって戦争の行方を注視した。だが、日本はこの戦争で着々と進むロシアの南下政策を思い知らされ、満州地域と朝鮮半島の軍事的重要性を認識する。つまり、日本の植民地化を防ぐ重要な「生命線」であることを確信したのである。それは日清戦争に勝利して台湾進出を果たしたものの、清国政府から割譲を受けた遼東半島をロシア、フランス、ドイツの三国干渉によって三日後に返上するという屈辱的な外交を強いられ、まさに西欧諸国の植民地外交の強面《こわもて》ぶりを目の当たりにしたことからも思い知らされた。

また、これもその後の対中国政策の重要な視点になるのだが、清王朝の国内政治は軍部と外交にまとまりがなく、軍事的にも戦術的にも統一の取れていない軍隊であることを実戦で知った。満州などは全くの無政府状態と見た。「眠れる獅子恐るるに足りず」という従軍記者の筆致にも見て取れ、この時点から中国を見下す日本の支那史観が始まったと言っても過言ではない。もう少し俯瞰してみると、明治維新で「富国強兵」を目指した日本の外交、軍事政策がここに来て初めて近代国家への手掛かりをつかんだ戦争でもあった。東光会ができる約三〇年前であり、八歳だった大川周明はこうした歴史を具体的に体験していたのである。

そして、満州である。東北三省は遼寧、吉林、黒竜江の三省から成り、のちに熱河省が加わるのだが、広さは日本の約四倍、人口約三千万人（昭和七年統計）。一帯には緑林、あるいは馬賊とも言われる軍閥が全土に群雄割拠し、それぞれが勝手に紙幣を発行して統治するなど「満州の住民は圧政に苦しめられている」と、日本人は見た。しかも、当時、満州族（ツングース系）が権力を握っていた清国政府は始祖の地を守ると称し、万里の長城を境にこの地域への漢民族の立ち入りを禁じていた。いわば「無主」同然の地である。統治機構が入り乱れるそこにロシアが目をつけ、シベリア鉄道の敷設を南下させ、遼東半島の先端、旅順、大連を租借し、太平洋艦隊の軍港を築いて朝鮮半島への南下を伺っていた。しかも、日本の干渉を逃れたい朝鮮政府はロシアに接近する秘密外交をうかがわせる。「日本が危ない」と見るのは自然の成り行きで、ここに日露戦争が勃発する（一九〇四年、明治三十七年）。「皇国の興廃はこの一戦にあり」として日本海海戦でロシア海軍を破り、旅順港の戦いでは大勢の戦死者を出しながらも一帯を押さえた。日本は日露戦争に勝利（一九〇五）して満州の南部、遼東半島の租借権と南満州鉄道の経営権を握り、沿線を我が物にした。朝鮮半島、樺太も傘下に得た。日本が近代国家への脱皮を果たし、帝国主義的政策に傾いていく戦争になったのは疑いもないし、国際的にも自信をつけた勝利だった。アジア各国は日本の勝利を歓迎した。東光会創立に関わった江藤夏雄や納富貞雄、星子敏雄が生まれたのはこのころである。既に朝鮮を併合（一九一〇、明治四十三年）して東アジアの軍事大国になっており、その後の日本の教育現場で、「アジアの盟主日本」を叩き込む教育、指導が行われたのは当然であったし、子供たちはなんの疑いもなくそれらを受け入れて育った。

こうした歴史を土台に民族主義学生の満州行きが熱を帯びるのだが、なんと言ってもその正当性を裏付けるにはきちんとした理論がいる。それを支えたのが北一輝である。大川周明と満川亀太郎に誘われて上海から帰国した北一輝はその名著『支那革命外史』で述べている。

「満州地域はかつて清国がロシアに割譲したもので、日本はここを十万の英霊（戦死者）と二〇億円の戦費を使ってロシアと闘い（日露戦争）得た。だから決して清国から奪い取ったものではない。日本が満州を領有することはアジア復興の基礎条件であり、支那保全のためにも必要欠くべからざるものである。日本は満州以外の地域での支那の主権を完全に尊重し、支那にこの方針を理解してもらう必要がある」（要約）

この理論を伊東六十次郎が発展させ、こう言った。「日清戦争に負けた清朝政府は満州の主権を放棄して日本に割譲した。だが、三国干渉でロシアに奪われた主権を今度は日露戦争で勝って取り戻した。従って満州の主権回復は日本の正当な国家的権利である」と。ここに満州建国の原型がある。この見解は大川や満川も支持し、かつまた学生たちも『支那革命外史』をさんざんに読んで受け入れていた。そして「満州に西欧列強の浸食を許さぬ新しい平和国家を作ろう」との理想は若者たちの血をたぎらせた。「勇躍」である。

だが、中国側もこれら外国勢の権益争いに対して黙っていたわけではない。否、国民は各地で抵抗を続けていた。中国の外国勢力に対する抵抗運動は古く清朝末期の「義和団の乱」（一八九九、明治三二年）が有名だ。キリスト教の布教活動を契機に起きた排外運動が拡大、これに清朝政府が加わって日本を含む米欧八か国連合軍と戦争になったものである。結局、義和団は鎮圧されるのだが、この紛争過程で清朝政府は各国に多大の借金をし、国民生活が苦しくなって後の辛亥革命、清朝崩壊につながる。日本との関係で言えば、第一次大戦中にドイツが持っていた中国での権益を日本が押さえ、「勝手に決めるな」と反発する清朝政府と対立、突き付けた二一カ条の要求（一九一五、大正四年）に中国国民が怒った。無理もない。「①ドイツが山東省に持っていた権益を日本が継承する②旅順、大連の租借期限を九九年に延長③指定する鉱山の採掘権を日本に与えること④日本人を中国政府の顧問に」など誰が聞いても無体な要求であり、それがために日本に対しては不信感が渦巻いていた。この時代、そんな空気が底辺ではずっと流れていたのである。

しかし、若者たちの「満州行き」が治まる気配はなかった。不況が長引き、「大学は出たけれど」との駄洒落があったほど就職活動が困難を極めていたことも背景にはあった。

昭和二年、まず猶興学会から中野琥逸が渡満、奉天（現瀋陽）で弁護士事務所を開いた。次いで翌年には京大仲間の片岡気介（五高出身）が中野を頼り、江藤夏雄、庭川辰雄（五高出身）が満鉄に入社した。星子敏雄は先輩を頼って上海に行くつもりが、頓挫。代わりに旅順にあった日本の出先機関、関東庁を紹介され、警察官僚になった。「公務員なんかになるつもりはなかったが、満州で働けるならどこでもよかった」と星子敏雄は言う。その後も全国の大学から続々と同志たちが満州に渡る。

昭和三年、満州の大きな節目となる「張作霖爆殺事件」が起きる。江藤夏雄たちが来た直後の事件である。駐留していた日本の関東軍による謀略と言われ、満州全土の制圧を狙う軍部が、手なづけていた現地軍閥の頭領、張作霖（一八七五〜一九二六）の「反日姿勢」を気に食わなくなって仕掛けた列車爆破だった。日本軍部からは「早まるな」と強硬に注意されていたのに、この現地軍部の独走が昭和天皇の不興を買い、日本政府の田中義一首相は責任を取って辞職する騒ぎになった。もちろん事件の首謀者、関東軍高級参謀の河本大作大佐（一八八三〜一九五五）は更迭されたが、関東軍の野望が燃え続けたことはこの後の「事変」が証明する。満州に来たばかりの江藤夏雄や星子敏雄は「事件の意味が良く分からなかった」との感想を述べている。だが、このころ度々来満していた大川周明は密かに別の魂胆を持っていた。

「私は満蒙を支那本部と離れた特殊な政治区域にしたいと考える。私の奉天における行動は満蒙独立運動とも言える」と述べ、ここから関東軍、満鉄、大川周明、若者たちの新たな胎動が始まる。渡満した東光会ＯＢたちもその渦中に飛び込んで行くのである。

大局的には張作霖爆殺事件のあと日本人関係者の動きが激しくなる。関東軍では更迭された河本大佐に代わって高級参謀に板垣征四郎大佐（一八五五〜一九四八）が着任、次いでこの後の「満州建国」の設計図を描く石原莞爾中佐（一八八九〜一九四九）が作戦主任参謀として登場する。大川周明も関東軍と接近、謀議を続けていた。満鉄の亜細亜調査局（東京）にいた笠木良明は満州にある本社の人事課主任として転勤、東大日の会で鳴らした伊東六十次郎は満鉄の満州専門学校教授として姿を見せた。もう一人、忘れてならないのが甘粕正彦（一八九一〜一九四七）である。憲兵大佐の甘粕正彦は関東大震災のあった大正十二年九月、憲兵隊がアナキストの大杉栄と妻の伊藤野枝、甥の橘宗一ら三人を殺害した責任を負って服役、二年十か月で出所したあとフランスに行き、二年後に帰国。それを待っていた大川周明の誘いで満州に来ていたのである。甘粕正彦もまた満州建国の立役者となる。

大雄峰会の発足

まず動いたのは笠木良明である。満鉄の人事課主任という立場をうまく使って当地にいた若者たちの糾合を始めた。もちろん日本にいた頃、行地社、猶興学会メンバーなど全国の大学生と顔なじみになっていたことが役に立った。笠木良明のもとに江藤夏雄や片岡気介が集まり、星子敏雄も旅順からやってきた。星子は当時の上司から「公務員があまり政治的な動きはしないほうがいい」と注意されたが、意に介しなかった。集まりは大きくなり、時には満州全土からはせ参じることもあ

満州時代の星子敏雄（左から二人目）と庭川辰雄（中央）、西畑正倫（庭川の右）

った。

この間、伊東六十次郎は大川周明の補佐役よろしく関東軍とのパイプ役に徹し、人脈を広げていく。そして、伊東を中心にして満州教育専門学校旭日の会が設立され、奉天の「妙心寺」が集会所になる。この妙心寺は後々まで「満州事変」の重要拠点になる。いち早く満州に来ていた弁護士の中野琥逸は奉天に禅寺がないのでなんとか設立を模索していた。京都・妙心寺派の僧侶が来ているのを知り、お寺の建立を計画したが、資金が足りない。そこで中野は関東軍の特務機関と相談して「日露戦争の殉難者慰霊所」の開設を持ち掛け、関東軍をバックにあっという間に建設費を集めた。立派な禅寺が建った。だから、おのずと勉強会の集会所にもなった。東光会時代に沢木興道和尚の座禅に通った星子敏雄たちには居心地のいい場所になった。

満州時代の五高関係者。前列左から西畑正倫、江藤夏雄。右端は中野琥逸。後列左から庭川辰雄、松岡三雄

昭和五年秋、ここに顔を出していた笠木良明によってこの学習会が「大雄峰会」と名付けられた。会員三五人、「五族協和」「王道楽土」という満州建国のスローガンが芽吹きだしたのである。丁度このころ、京都大学時代に猶興学会を設立した中村寧が満鉄に入り、満州にやって来る。奉天の妙心寺で大雄峰会の会議が開かれ、東光会も含めて旧知の仲間が大勢参加した。中野琥逸、笠木良明、庭川辰雄、都甲謙介、星子敏雄、日高実男、井上義人らである。欠席したが、東光会関係では江藤夏雄、今吉均、稲津宗雄、溝口嘉夫、田川博明、五高関係では片岡気介、西畑正倫、甲斐正治、松岡三雄も満州に来ていた。

　まさに一騎当千、これだけのメンバーになると関東軍でも気になる存在となり、満州建国の際は彼らを占領地行政の中核として使う腹を固める。そして、昭和六年の大雄峰会総会には関東軍参謀の板垣征四郎、石原莞爾が顔を出した。また、関東軍と大雄峰会との連絡役を務めたのは甘粕正彦でもあった。甘粕はこれらの会合で関東庁警官の星子敏雄を知る。酒豪、寡黙な星子を気に入り、後に甘粕は妹・璋《たま》（一九一一～二〇〇二）と星子との見合いに立ち会い、渋る母をしかりつけて結婚に同意させる。そして、風雲は急を告げる。

昭和六年九月十八日夜、奉天の近くを走る満州鉄道の沿線で爆発が起きる。これまた、関東軍の謀略と言われるが、この爆発こそが満州事変の始まり「柳条湖事件」である。中国では「九・一八事変」と呼ばれ、今でも忘れてはならない屈辱の戦史記念日になっている。爆発を合図に「支那側からの攻撃」とする関東軍が応戦名目で立ち上がる。朝鮮に駐留していた日本軍を引き込んで満州全土に攻め上がり、制圧に成功した。中国側は蒋介石の「不抵抗主義」もあってあっさり敗退、現地軍は次々に武装解除され、勝負は一気に決まった。

だが、これで落ち着くわけではない。民衆の抵抗とゲリラ的な「排日攻撃」は関東軍を悩ませた。満鉄沿線も治安維持に苦労した。時には抗日組織に包囲されて苦しい場面もあった。この状況に大雄峰会は危機感を抱き、関東軍を支援、さらに満鉄に勤める若者を中心にした「満州青年連盟」が日本政府の本気度を促した。青年たちは連携して「満州を守ろう」と世論を喚起、日本にまで宣伝隊を送って政府を突き上げた。この勢いで一時は会員が五〇〇〇人まで増えるほど意気盛んだった。手もとにちょうどこの時期に満州青年連盟が発行した三〇頁ほどの小冊子がある。『事変後に於ける満蒙の動向と新国家の建設』と題したもので、若者たちの主張を織り込んだ宣伝パンフレットである。満州開発に日本が本気になり、中国政府とともにアジアの平和、安定に貢献すべきである、との内容だ。実に勇ましい。

「率直に言って日本は東北四州を経済、治安、生活に関して、我が日本帝国との共通の圏内に置くべきである。イギリスや欧州では自由経済圏を作っており、これに見習うべきだ。そのためには兵匪《へいひ》（=抗日軍、抗日ゲリラ）、馬賊を掃討し、治安の維持が求められる。諸民族が安心して経済的繁栄が得られるよう対満植民地政策の樹立を熱望するものである」「日露戦争後、日本が満蒙開拓に着手して以来、人口は増え、経済市場として拡大した。なのに支那はかって自ら放棄した果樹が他人の手によって培養せられて繁茂し、それが実を結ぶようになって俄かにその所有権を主張する。この態度は余りにも人道に背反した態度である」「満蒙は日華共存の地域にして、その文化を隆め、富源を拓き以て両民族の繁栄と東洋永遠の平和を確保することこそ我国家の一大使命なり」（要約）

関東軍の「満蒙切り離し」作戦と大川周明らの「満蒙独立」計画はここで合体していく。この過程で綿密に計画が練られたわけではない。当初はともかく満州全土の安定が最優先された。行政組織の在り方、治安の維持、産業・経済の振興など住民にも受け入れられる占領政策が求められ、その先駆けとして暫定的に作られたのが、中野琥逸による「自治指導部」である。中野はその在り方を以下のように掲げた。

「この自治制度は区域内の人民に対してあくまでも善政を布き、心より日本の施策を謳歌するに至るべき意図を持って企画する一方、日本の対満蒙政策の実質的根幹を確立するため、指導部の的確なる統制と進出的策動が必要である」

満州建国に飛び込む

中野琥逸や笠木良明が、満州に来るまでに日本で若者たちと共に論議した理想国家の原型ともなる精神がここに込められた。このための設置要綱と条例、指導員心得まで作った。なにせ国家の基礎になる端末である。急ごしらえながらも組織をしっかりと統制し、現地の人に歓迎される政策を行う必要がある。重要な職務であり、だいたい二人一組が充てられ、その多くは三十歳前後の大雄峰会を中心とする使命感あふれる若者たちだった。満州建国までに満州全域の三七県に拠点を設け、軍事部門と連携して各地の治安警察、行政部門、保健衛生、交通通信、商業振興をひとまとめにして運営、指導することになった。今の日本でいうなら、県庁、県警、税務署、保健所、商工会議所を統合したような組織の上に立ち、自治指導部が目を光らせようとの魂胆である。それらは都市部ばかりではない。抗日組織の強い山岳地帯、ロシアとの国境付近、農民ばかりの農村地帯もあった。「寸鉄（武器）も帯びず、勇躍して敵地に乗り込む気概が求められた」と星子敏雄は振り返った。

昭和六年十一月、東光会出身の中村寧ともう一人が自治指導部員として指名され炭都・撫順県に入った。満鉄を辞めての転身である。赴任に際しては笠木良明が同行した。石炭は満州鉄道を動かす大事な熱源であり、火力発電は市民生活と産業振興に不可欠のエネルギー源である。だから石炭の安定供給は満州政策の重要な柱で、そこをまかせられた。だが、満州事変後の撫順もまた無政府状態で一帯は混乱していた。炭鉱開発では土地買収が必要だ。そこには利権屋の暗躍もあり、交渉は難航する。これらを解決するのも中村の役目だ。抗日軍の出没もあり、住民に対して平穏の確保を約束するため、治安維持委員会を設置、宣伝ビラやパンフレットも作った。教育の振興、荒れ地の開拓、商業の活性化まで担当した。いずれも新しい国家を作るための大事な作業である。八面六臂、中村は寝食を忘れて取り組んだ。

江藤夏雄はどうしたか。昭和三年四月、京大を卒業した江藤は満鉄に入社、亜細亜経済調査室で満州とアジア地域の現状分析を続けた。もちろん大雄峰会にも顔を出し、その中心人物になったのは言うまでもない。江藤の回顧談がある。

「私たちの青年時代には日本のフロンティアは満州であり、南洋だった。それは青年の夢をかきたてる男性的な魅力に満ちていた。満州は日清・日露の戦役に同胞の血潮で彩られた因縁の地。支那本国から見れば、（万里の長城から）域外の地で半独立の所でもあった。地元軍閥（張作霖）、日本、ロシアによる三鼎立の角遂が展開され、ここに日本民族の開拓魂の夢が凝結、民族協和を国是とする満州国が誕生した」（『江藤夏雄著作集』）

江藤の満州観は北一輝の解説に沿ったものであり、当時の若者の共通認識でもあったろう。江藤は満州建国が宣言されるや直ちに満州国官僚に転身、熱河省の警務司長に就任、次いで本社の人事課長に移動する。

星子敏雄もまた歴史の渦に飛び込む。関東庁に入るとすぐさま警察部門に配属された。「現地を知るには治安部門が一番勉強になる」との上司の勧めを受けて奉天警察署や日本領事館の治安担当、警察官訓練所教官に励む。東京帝大卒というキャリアに加え、毎週のように部下を自宅に呼んで酒盛りをし、豪胆な性格だった星子は警察組織にあって飛びぬけた存在としてとんとん拍子に出世する。三年後には早くも警視に昇進、そして満州事変を迎える。

庭川辰雄（五高出）もまた満鉄に入る。江藤夏雄と庭川は京都大学の猶興学会創設に参加して以来の親友で、後には江藤の妻の妹と結婚する。三年間務めた満鉄を辞めて再び京都大学へ戻り、支那哲学を学びなおす気骨の男だが、この復学のとき星子敏雄の弟・星子毅と大学で遭遇する。庭川から聞いた国際情勢に目を覚ました星子毅が血盟団事件に加わる思想転換になったのもこの時期である。庭川は昭和六年に妙心寺で大雄峰会の総会が開かれると聞いて京大を退学、日本から飛んできて参加した。中野琥逸の腹心として自治指導部づくりの下働きに励み、満州国政府の役人になる。

このころ満州の隣接地、熱河省は関東軍に爆殺された張作霖の息子、張学良（一九〇一〜二〇〇一）が治めていたが、庭川辰雄はこの地を平定するときは江藤夏雄とともに協力しあって黄塵にまみれた。黒龍江や吉林、奉天の政府拠点でも働いたが、純情一路、直情径行な性格で、上司と衝突することも度々だった。酒豪でならし、大連では酔った勢いでロシア人と大喧嘩をした挙句、留置場に入ったこともある。しかし、酒が体を蝕んだのか、結核にかかり熱海に帰って療養していた昭和十五年九月二七日、亡くなった。戦後の昭和五十年、伊東六十次郎や西畑正倫など友人たちはその剛毅ぶりを称えて『満州建国の英傑　庭川辰雄』（私家版、牧野克巳編集）と題する思い出集を出版した。また、庭川の友人でこれまでに何度も登場した五高同期の片岡気介は、のちに『大川周明全集』（大川周明全集刊行会、金山閣書院）の編纂に加わり、後世に大きな遺産を残した。

柳条湖事件からの半年間は、満州が最も激しく動いた日々でもあった。大雄峰会の青年たちが地方各県に散った一方で、建国へ向けた下準備が着々と進んだ。軍閥の頭領たちを集めて中国本土からの「独立」を宣言させ、甘粕正彦は関東軍と入念な打ち合わせをした後で、天津の日本租界にいた清王朝の元皇帝・溥儀の引っ張り出しに成功、新しい国家の象徴「満州国執政」に就任させる手はずを整えた。国家としての体裁が要るため、行政組織を組み立てる作業に追われたが、その過程で関東軍が強力に介入、実体的には「日本の傀儡政権」であることは覆い隠しようもなかった。その根拠には満州建国後に関東軍司令官・本庄繁（一八七六〜一九四五）と執政・溥儀の間に結ばれる「本庄・溥儀秘密協定」があった。満州国の行政運営の重要事項は必ず関東軍の了解がいる「内面指導権」が存在したのである。しかも、司法、教育、保健衛生、交通通信、運輸など各組織のトップは中国人を充てたが、ナンバー2は日本人が就任、予算と人事権を握って実質的に組織を動かす方式にした。これこそが満蒙統治の核心だった。

「王道楽土大満州国」の碑。山海関角山

こうして昭和七年三月一日、満州国は建国を宣言、華々しくスタートを切った。大雄峰会のメンバーはそろって満州国政府に身を転じた。もちろん「本庄・溥儀秘密協定」など知らない。江藤夏雄は満鉄を退社して熱河省の警務司長に転身、星子敏雄も関東庁を辞めて民生部の警務司総務科長に移り、甘粕正彦のもとで警察の組織づくりに没頭した。中村寧は撫順から帰って監察員監察官、庭川辰雄も中野琥逸を補佐して各地方を走り回って国土の安定に邁進した。片岡気介は大川周明の連絡役、溝口嘉夫、今吉均は司法部門で抗日組織への対応を担わされることになる。文字通り満州建国の渦中に立ち、東光会で口角泡を飛ばした「アジア解放」の戦士になった。大げさではなく、身命を賭し、寝食を忘れるほどに情熱を燃やした日々であったが、実はこの満州建国を中心にした前後五年ほどのわずかな時間が、彼らにとって本当の意味での「解放戦士」であったと言えよう。

度々、述べているように満州での日本人の振る舞いに中国政府は憤り、その侵略性、植民地政策の不当性を国際連盟に訴え、「リットン調査団」が派遣されてきた。星子敏雄は「何を調べに来たのか」と反発を覚えたが、結局、西欧各国は建国の正当性を認めなかった。このため満州国が求めた建国の承認も主要国は見送り、日本の国際連盟脱退につながった。

日本は五・一五事件（昭和七年）で犬養毅首相が暗殺され、軍部独裁の色彩が強くなって国際的にも孤立して行く。だから満州地域の保全は絶対的に必要な要件になった。関東軍による昭和八年発行の『是が本当の満州だ』と題する小冊子は建国の正当性を主張している。「満州は古来、一度として支那の領土であった事実はない。漢民族は満州を自国の領土と主張するが、三千年の歴史を見てもそれは錯誤である」とし、「日本がこの地で満州国を建設したのは満州人の幸福を約束するためだ」と訴えた。

建国後の満州では官僚を養成する「大同学院」、日本の帝国大学に倣った「建国大学」、満州国政府を側面から支援する「協和会」が作られ、次第に国家の体裁を整えていく。もちろんこれら人づくりの政策で帝国大学卒業の優秀な大雄峰会のメンバーが重宝されたのは言うまでもない。また、日本への鉱物資源、農産物の輸出が増え、逆に日本からは工業製品、生活用品の輸入が増大した。双方にとって国家を補完しあう欠かせない存在になっていくが、中国側からすると資源の収奪であり、植民地主義の形成そのものだとの批判は強まるばかりだった。

一方、満州国内では、例の「本庄・溥儀秘密協定」で人事、行政運営の重要政策すべてで関東軍の承認が必要である「内面指導権」が顕在化、行政執行が何度も阻害された。「関東軍の石頭どもが」と建国当初からいる星子敏雄ら生え抜きの官僚にはその折衝に不満がたまった。岸信介（一八九六～一九八七）など日本から派遣されてきた大勢のキャリア官僚が財政運営や司法行政で力を発揮しだすと人事面で生え抜き組が冷遇されだし、不満が募った。新しい国家を作るのだから衝突や混乱が生れるのは仕方ないが、若者の意欲を削いでいったのは事実だ。日本人が満州人や漢民族を見下し、差別、弾圧を繰り返すのも顕著になった。賃金面で具体的に表れ、日満職員の格差是正は急務だった。しかも、理想国家の姿を求めた自治指導部が一年もたたずに関東軍によってつぶされ、若者たちの精神的支柱だった笠木良明が「建国の精神を失った」と失意のまま満州を去った。独立国家論を唱え「内面指導権」の撤廃を主張していた関東軍の石原莞爾中佐も赴任してきた東条英機とぶつかって植民地支配論に敗れ、更迭された。「五族協和」「王道楽土」を目指した満州国づくりの理想が色あせてきたのである。

この間も関東軍と中国政府軍との小競り合いは間断なく続き、昭和十二年には北京郊外の盧溝橋で「一発の銃弾」から日本軍と支那軍が衝突、本格的な「日中戦争」が始まる。関東軍は北京、南京、重慶など中国内陸部の奥深くまで侵攻して戦いを続けるが、米欧の支援を受けた抗日勢力は粘り強く戦う。そして、米国の中国への支援と日本への経済封鎖が強化され、業を煮やして始まったのが、昭和十六年からの太平洋戦争である。アジアの解放、植民地政策の終焉を目指して始めた「大東亜戦争」が名実ともに変質した時期であり、ここで満州国の存立意義は変わってしまった。

第四章　会報「東光」

東光会の会員を結び付けたものに「東光」と題する会報がある。昭和十一年ごろに発刊された初期の会報は旧制玉名中学教員だった納富貞雄（大正十四年卒、東大）の発案、編集によるもので、会員、ＯＢの通信による「近況消息」が中心だったが、一年ほど経った、昭和十二年七月発行から現役会員が編集人になった。ともに「東光」を題字に使い、発行号数もそれぞれ「一号」から始めたので、二種類の「東光」があったように見えるが、内容的には「近況消息」号から「論文考察」号に発展したと理解すればいい。手書きの謄写版による論文・考察号は毎号ともに「檄」や「巻頭言」で冒頭を飾り、東光会綱領、鉄則、会の歌を載せる本格的な会報で、「山荘日記」と会員、ＯＢの住所録も一覧、会員相互の連絡に使った。消息も随時掲載した。一年に二回の発行を原則としたが、年一回の時もあり、戦前は昭和十九年九月（第一〇号）まで発行された。戦後は旧制高校の廃止と、それによる東光会の自然消滅で会報は途絶えた。昭和四十一年三月に元会員向けの復刊第一号が出たが、その後は続かず昭和五五年五月の「東光会記念碑建設」に関した報告号で事実上終刊した。

まずは当時の東光会の活動を理解するため、論文考察号から見てみよう。第一号の出た昭和十二年と言えば、中国の北京郊外で日本軍と中国軍が衝突する盧溝橋事件が発生、日中戦争になった年である（中国政府は最近、抗日戦争が始まったのを一九三一年＝昭和六年＝の柳条湖事件から、と解釈を変更、歴史教科書も書き換えた）。もちろん、初期の東光会員の多くが満州、中国大陸に馳せ参じて渦中にいた。事件の余勢を駆って日本軍は北京市内に侵攻、上海でも戦禍が広がった。このため中国では「これ以上の侵略は許さない」として国民党と共産党が手を結んで日本に対抗、戦争の行方が泥沼気味になっていた。「巻頭言」は訴えている。

機関誌「東光」

「危機は常に現在にある。過去から現在へ、現在から未来へと停滞することなく推移して止まない歴史は世界人、国家人、個人に対して不可避的なる重圧と、それを善処し克服し、歴史の進路を正しきに向かわしめるべき使命とを握はさしめる。今を去る十有七年前に誕生した東光会は、外的自由主義の横行跋扈する高校生活の中にあって「道」の光を唯一の「しめ」となし、「のぞみ」となして邁進して来た。我等は自己に対して、いたずらに無為であってはならない。己を生かし、己を出すため我等は我等としての使命がある。綱領、鉄則は主体にして同時に客体である。我等は祈念する。このささやかなる会報が先輩、後士の妥協なく、腹蔵なき真情の叫びと切磋琢磨の長とならんことを」（概略、一部旧漢字を改め、句読点をつけた）

かなり難解、抽象的な巻頭言だが、「日中戦争という時代背景をもとに東光会は歴史的にその役割を十分果たしてきた。今後も自分たちに与えられた使命を忘れず、真理を探究していこう。この会報が先輩、後輩の率直な意見の発露になることを望みたい」と言いたいのであろう。第一号という気負いを感じさせる、格調高さを表した巻頭言である。

国体明徴の基調

第一号ではこのあと、東光会顧問の五高教授・鈴木登が「国体明徴の基調」と題して日本国家の精神的支柱を論述している。「明徴」とは「その拠り所」と理解すればいいだろうか。つまり、「皇国日本」を作り上げるための精神的、行動的規範をしっかりと定めなければならないというものである。この背景には当時、声高に叫ばれた右派陣営による天皇機関説排撃運動が影響していたのであろう。鈴木教授は言う。「宗教において神話を基調とした日本の信仰心は神と人とが慈しみ、尊敬しあう関係であり、（キリスト教に基づく・筆者注）外国のものとは明らかに異なる。それが必然的に民族性に反映してきた。我等はこの国土に生まれた栄光と幸福とを神明に感謝し、奉公の念を強めよう」と訴え、「国体明徴の基調」は実に民族性の究明にありとした。鈴木教授の述べる根底には神話を始まりとする日本の成り立ちがあり、それが皇室崇拝、天皇と国民の関係につながっているとするのが神髄だ。それは取りも直さず失ってはならない東光会の基本理念であると提言した。これ以降、会員の研究、論文、言動、卒業後の進路など多くがこの基調の範囲内で見られることになる。

消息ではOB会員が例外なく「山荘生活」を懐かしんだ。立田山の山腹にあった山荘は白然も豊かで、季節感にあふれていた。それ以上に会員の濃密な関係が彼らを覆った。九大にいた播磨三郎（昭和九年卒、東大～九大）は「東光会精神は日本人の最高至上の理想を追うもので無窮に伝えられるべきもの」と自賛する便りを寄せ、福井昌保（昭和十二年卒、九大）は「世の中にニセ愛国者が多いが、東光会こそ純正日本主義者だ。我等は決して反動でも右翼でもファッショでもない。純然たる修養団体だ」とアピールした。脇山義男（昭和五年卒、京大）は「昭和維新が達成する日まで存続し、安心して修養できる場所になってほしい」のはOBに共通した願いであり、原正（昭和十一年卒、東大）の主張は硬質だ。「近頃、大学新聞で見ると東京高校の菊葉会や福岡、松江高校で日本主義を標榜する団体が次々に解散している。真剣な求道精神の欠如、真の自覚の欠如に帰するものだ。新聞や雑誌の論調には日本を侮蔑する論調にあふれ、実に遺憾、寒心に堪えない。ここにあって栄光の歴史と伝統ある東光会が力強く、真剣な道を求めて進んでいる姿は頼もしい」と書いてきた。こうした論調は会報を通じて会員に行き渡り、大いに共感を呼んだ。

満州からは村上満男（昭和六年卒）が近況を寄せた。「新京の大同学院（満州国職員養成所）で学んだが、一緒に入学した渕上雄二君（昭和六年卒、京大）は熱河省の協和会から新京本部へ、溝口嘉夫先輩（昭和四年卒、東大）は哈爾浜地方法院へ、今吉均先輩（昭和二年卒、東大）も黒河省公署総務科長として活躍中です。稲津宗雄先輩（昭和三年卒、東北大）が新京の満州電業㈱に勤め、よく顔を合わせます」。この近況報告のように周辺の東光会員のことを報告、もちろん早くからいた江藤夏雄や中村寧、星子敏雄のことも登場、それをみんなが楽しみにした。村上は満州国政府の税務関係部署で働いていたが、終戦前の昭和十九年、出征中に戦死した。会報にはこうして仲間の訃報も掲載された。また、これで分かるように、会員間の呼び方で年上には必ず「先輩」または「兄」をつけ、同年、後輩は「君」呼びにした。会報の第一号をもう少し見てみよう。このあとは、昭和十二年当時の現役会員による所感、論文である。

会報第一号という気負いもあったろう。文科三年の松山喬安（昭和十三年卒、京大）は「東光会人の使命」を寄せた。とかく抽象的で難解な文言が続き、ここでも天皇制を通してのみ「生きねばならぬ」と謳いあげる。そして「試みられた日本道を基準にしての批判に於いて、現在の経済組織はその非国家性を我々の前に暴露している」と分析。「非国家性の暴露」とは分かりにくいが、中国での戦禍が少しは五高生活に影響し、戦争遂行による社会の変化が見えてきたからであろう、遠慮しながらの批判ともなっている。だからこそ格調高さを求めたのでもあろう、最後に「昭和維新の成就するまで、この山間（山荘）に屯《たむろ》する東光人の絶えざる内省と対社会的警鐘とが有意義であり続けるであろう」と自らに言い聞かせるように締めくくった。

これまた、とことん壮士型とでもいおうか、文科二年の田島辰義（昭和十三年卒、東大）は、「〝道〟はなんぞ、生活の最高理念である」と書き出す。「道」の在り方すなわち、生き方を示す羅針盤とでも言いたいのか、「道理」の持ちようを示したいのか、「道は智も情も意も寄って、もって作り出すものである」とし、感覚的な論旨で展開する。東光会員が好む「義」の発露にも似た心情であろう。そしてまた「国家、即ち上御一人の発展のために献身することこそ〝道〟の本体である」と東光人が持たねばならぬ心持ちを披瀝した。現役時代の田島は西郷隆盛の信奉者として鳴らし、陽明学の泰斗を任じてはキセルたばこで友人を煙に巻く硬骨漢だったが、これまた終戦前に病死した。

理科二年の愛甲芳喜（昭和十四年卒、京大）は、山荘に入って三か月の感想を書いた。「北文（北京、南京）に低回していた暗雲も今や稲妻を発し出した様だ。来るべきものが来たのだ。何ら心を労することはない。今こそ国民が団結すべき時だ」「東光会も光輝ある歴史を作った。歴史、伝統は全て生命の維持存続に偉大なる関係を有する要素である。先輩諸兄、この東光会の歴史に一層の光を添え給わんことを」と願う。福岡県出身、貞末卓爾（昭和十四年卒、九大）の入山に当たっての決意が興味深い。「一般に東光人は肩を張り、棒を持ち、ひげを生やした壮士型のような人の集まりと思っている。自分はそのような形にこだわらず、思想、行動において自由でありたい」

瀬上安正（昭和十五年卒、東大）の会報における自己分析は若者らしい心情を明かしている。「僕は何をしてよいか解らぬ。僕は何のために生きているのか解らぬのだ。植物も、猫も猿も蝉も、やはり人間と同じく生きている」「僕は行動の中に自分の生活と生命を感じる。僕の感じる生命は享楽的と言えるかもしれないが、世俗的な享楽を意味するものではない」など、行きつ戻りつの論旨を展開して結論にはなかなかたどりつかない。しかし、それも東光人の一人であったろう。瀬上は熊本県庁を退職後、熊本女子商高校（現国府高校）の教諭をしたが、昭和五四年、交通事故で亡くなった。遺稿集に『樹間の花』（瀬上安正遺稿集刊行会編）がある。

会報一号には当時、会員が山荘でどのような勉強会をしていたのかを伺わせる記述がある。「毎週木曜日に論講、討論会を開催、論講材料として鹿子木員信博士（九大教授）の『永遠の戦』、河村幹雄博士（九大教授）の『名もなき民の心』、作田荘一博士（京大教授）の『国民科学の成立』、西晋一郎博士（広島文理大）の『東洋論理』をやりました」とある。東光会は「右派」「天皇制崇拝」「反マルクス主義」と見られがちだが、研究材料を見ても、決して硬直化した「右寄り」の会員ばかりではなかった。その後の足取りを見ても多彩な人材が加入していたことが分かる。

日中戦争の色濃く

次いで第二号である。昭和十二年の暮れに発行されたが、満州、中国での戦いの様子が色濃く反映されている。巻頭言が主張している。

「魂は満蒙の天地に駆けり揺らぎ、北支の荒野を席捲せし聖皇軍の戦うところ敵なく、祭ろはぬもの打ち払いて統べ結びつつ、建軍の本義八紘一宇の大理想の顕現発揚は、弥栄えゆく『すめらみいづ』（天皇の威光）と共に遥か亜細亜大陸の彼方の上に果たされつつある。いま隣邦の首都南京陥落を目前の時に控え、吾が東光会の先覚の夙（つと＝早くから）に念とせる新アジヤ建設の声は全国に澎湃たり。幸いここに先輩各位のご懇切なる指導援助の下に再び会報二号を発刊するのを得、吾々とともに皇御国の尊厳の前に瑞《ずい》憙《き》の涙を流す先輩同志諸賢の膝下に送る。皇紀二千五百九十七年十二月」（概略）

このように戦時色が濃くなるのを反映して会報に寄せた文章も少しずつ高揚してくる。山野逸次（昭和十二年卒、京大）は、満州事変後の危機意識も強烈だ。「国内改革はまだ途上にある。この重大な時局に対して迂遠な手法は許されない。無理を無理と思わず、苦しみを苦しみとしない確個たる心構えがあればこの難局を乗り切れるはずだ」と訴え、「京都大学に時局有志会を作り、座談会や講演会を開いて吾々の態度をアピールしたい」と決意を述べている。山野は「東光会もイニシアティブをとって学内大会を開いてはどうか」と提案してきた。鶴田義祐（昭和十二年卒、九大）も日中戦争に触れ、「時局は深刻さと複雑性を加えている。泥土と戦い、寒風に抗して山野を疾駆し、一命を鴻羽のごとくして陛下の御為に戦う兵士に、なんと感謝の言葉を述べてよいか分かりません」と記した上で、九大では教授会、学友会を発起人として皇軍感謝決議の大会を開いたと言う。そして、全員で近くの神社に参拝して市民にアピールしたと報告してきた。「東光会もやってみてはどうか」とこれも山野と同じように熊本での行動を促した。

会報二号は全体で五八頁にもなり、会報一号の四一頁より格段に充実している。OBからの投稿が増えたのが特徴で、ＯＢたちは進学先でさらに磨きをかけたように健筆をふるった。難解さも堅調で、むしろそうした難解さを披瀝することが思索の深まりを示しているように競って「偶感」「自由観」「所感」を寄せてきた。現役学生がＯＢに対抗するかのように様々な論調で展開しているのも面白い。丸田喜太（昭和十四年卒、長崎医大）の「原始的愛国心」を全文掲載する。丸田の発想を見ることができる（漢字を現代風に変え、句読点をつけた）。

「ある日、啓茂庵（山荘）に寝ころんでいた。暖かい秋の日差しが神羅万象の上に慈愛に満ちた光を投げ、全気この天地に満ち満ちて我ら人間に、ある暗示を与える。一匹のあしなが蜂が障子の破れ目から入ってきて、白い障子の上を歩き、そして天井に近い梁のところに留まった。暫くするとまた一匹入ってきた。この庵には以前ハチの巣があった様である。それから毎日、十六、七匹の蜂が常にこの庵に集まってひと塊になり、自己の巣を懐かしんでいるように見えた。生物、ことに動物において、これら蜂のごとく自己の巣に対する愛着心を目前に体験するとき、吾等の心の中に有する愛国心と何か一致するものを発見した様に思われるのである。自己の巣に帰り、巣を愛すること、即ち帰巣性と言われるごときものは、おそらくこれら小動物の有する本能であろう。故に彼らの巣に対する本能的精神は我等の精神の中に遺伝することによって愛家、愛郷、愛国の精神に進化、推移して来たであろう。愛国心は我等には本能なのである。必ず我等の心の中に存在しているものである。ただ、これらの愛国心が別の意志的な力によって本能的領域より離れてしまうことが現今の最も重要なる事柄なのである」

蜂の帰巣本能を愛国心に結び付ける書き方を短慮とみるか、二十歳前の学生にしてはよく考えた論旨とみるか、読み方はそれぞれであろうが、つまるところ、東光会員の山荘での様子を蜂に例えて擬人化したものであろう。丸田はこの筆致で「犠牲的精神」「亡国の民」も書いてきた。他のOBも現役もだいたいこの調子である。

会報第二号は最後に「山荘日記」をつけている。これを読むと昭和十二年当時の東光会、五高の様子がうかがえる。

○9月11日　先輩・諸兄（脇山良雄、幡掛正浩、市原俊二、鶴田義祐）来山、現会員と飲酒、歓談
○9月12日　一同、藤崎宮神社に参拝。夜、さらに興あり
○9月23日　熊本市公会堂にて日独親善国民大会を挙行、ドル先生講師として出演（日独防共協定へ向けてのアピールであり、ドル先生とは当時、五高でドイツ語を教えていた「ジョージ・ドール」氏）
○10月2日　市公会堂で拓殖大学学生の講演会、会員参加
○10月10日　五高50周年記念式開催。午後、慰霊祭
○10月11日　50周年記念講演会。講師・村川堅固（五高、東大、西洋史研究）、後藤文夫（五高、当時内務大臣、貴族院議員）、加納治五郎先生（五高第三代校長、講道館柔道の創始者）
○10月12日　山野逸次兄（京大農）来山、京大・九大先輩の「つつがなき健」を聞き、談論風発す

○10月25日　村祭り、膳に珍味、酒の振る舞いあり、一同喜悦満面
○11月3日　黒石原にて豚汁会、（中国での戦場）大揚鎮陥落祝賀の旗、提灯行列あり
○11月15日　五高山岳部員の遭難報告あり、一同哀悼の意（これは十四日、阿蘇高岳・鷲ヶ峰の岩場でロッククライミング中に滑落死した匂坂正道氏のことと思われる）
※日誌には当時の例会の模様も記述、「毎週木曜に例会、輪読、パンフレット討論をし、座禅をした」とある。

迫る戦時体制

昭和十三年五月、会報「東光」は第三号を発行した。日中戦争で日本軍は中国大陸の奥深くまで侵攻、武漢、徐州、重慶と戦いを進めていたが、逆に言えば引き返しのできない戦争になっていた。国内では政府要人を陸軍出身者が占め、国民に対しては国家総動員法が公布されて生活が急速に窮屈になっていく。学生生活も安穏とはできず、五高先輩の大内兵衛ら左派系の大学教授が検挙される事態にまでなっていた。だから会報第三号の巻頭言も戦時体制に合わせるような鼓舞調になっている。

「東洋平和への聖戦一歩、その大理想へ歩を進める時、我が東光会は創立第十六年目を迎えた。大正十二年創立以来、百名に余る先輩諸賢を数える。思えば我が会の偉大にして健全なる使命の重

大さを痛感する。しかし、東光会は伝統の古きに満足してはならぬ。大使命、大目的を確立するといえども、東光十五年の歳月は朦朧混迷、重大使命を負ってきた。会として新進気鋭の若さなき憾無しとは違う。我等は真摯なる態度で向かい、これからは自ら解決すべきなり。新しき希望と熱を持ってさらに前進あるのみ。東光第三号を発刊するにあたり、我が日本の理想貫徹を祈り、協賛すると同時に先輩諸兄の御奮闘、ご健勝を祈る。

皇紀二千五百九十八年五月」

第三号の発刊前、九州帝大を卒業して満州に行く予定だった吉峯徳之助（昭和六年卒）が体を壊して鹿児島の加世田で療養していたが、一月二十日に亡くなった。吉峯については「東光会創立」と「帝国大学」の項で簡単に触れたが、とにかく東光会、九大では右派の論客で鳴らし、その豪傑、酒豪ぶりは有名な学生だった。五高、九大に一二年間在籍し「こんな面白いところはない」と言っていただけに交友関係は広く、訃報は一瞬にして駆け巡った。吉峯の死を巡って起きた友人たちの動きをみると東光会の絆の深さが分かる。会報はそれをしっかりと描いている。

吉峯の死については、脇山良雄（昭和五年卒、京大）が報告してきた。遺族の話では、療養中にもかかわらず亡くなる直前まで勝手放題、あきれるほどの言動だったらしい。肺炎の高熱で絶対安静なのに「鹿子木先生（九大教授）、私は逆賊ではありません」とわめき、「俺はもう日本人ではない」と繰り返すので「何人だ」と問い返すと人を食ったように「ホーレンソウ」だと答える。意識はしっかりし、最後は見舞いに来た友人に着物を脱いで「形見分け」として渡したという。そうした臨終前の様子を聞くと、東光会員たちは吉峯の学生時代の姿を思い出し「誤解を受けやすい性格だったが、根は皇室思いの大丈夫だった」と涙したのである。

死亡が伝わると、直ちに熊本から松山喬安（昭和十三年卒、京大）が、大阪からは浪速高校教授の鳥巣通明（昭和六年卒、東大）が駆け付けた。脇山、泉脅、松岡健蔵、それに九大皇道会からも大羽辰雄、竹田の二人が葬儀に参列した。交通の便がいまほどよかったわけではない。それこそおっとり刀で鹿児島まで向かったというのが実情だ。寒い日だったが葬儀は盛大だった。大川周明はもとより、東光会、九大皇道会、京大清明会などからたくさんの花輪が届き、多くの弔電が披露された。その多さに親族、地域の人たちも驚いたらしい。鳥巣や松山など先輩、後輩たちは吉峯が建てた「楠公神社」に一泊して酒を酌み交わし、弔慰金でこの神社に鳥居を建てることになったというから徹底している。その後はみんなで熊本の立田山の山荘に帰り、再び酒で故人を偲ぶのだが、吉峯の死を詠んだ短歌があるので紹介しておこう。

よしよしと　止めても聴かず酒飲んで　ころげ落ちるが浄土なりけり

くそたれて　小便のんで酒飲んで人をも飲みし男児なりしが

しきしまのやまとの国に咲く花は　ちりにしときぞかぐわしきかな

創立五十周年（昭和十二年）を前後する五高生の生活にも日中戦争の影が色濃く漂い、学校行事にも採り入れられていく。五高七十年史を見ると昭和十二年十月十七日には「東光原で皇太神宮遙拝式を行い、運動会、映写会を催す」とあり、翌年八月には「五日間、全校で菊池郡花房村（現黒石原）に新設された陸軍飛行場に行き、除桑作業をした」。

こうした五高の雰囲気について貞末卓爾（昭和十四年卒、九大）が「五高近況と東光会」と題して述べている。「昨年来、自由主義、享楽主義と見られるような学生の姿が見られなくなった。対支行動（日中戦争）、軍事訓練に冷めた目で見ていたものが、少しは熱が入ってきた。自覚が出てきたこともあろうが、外部の規則（社会の雰囲気）が竜南（五高）に及んでいるのだろう。批判するよりも現実を真面目に解釈して新しいものを求める学生が多くなったのは確かだ」。貞末の見る目は鋭い。時代の流れであろう、反権威主義的で自由に社会を批判してきた学生たちが、現実に沿った論議をするようになったとする。これも国家総動員法に見られるような戦時体制とリベラル学究を締め付ける傾向が五高にも及んできたからであろう。そうした空気について貞末卓爾は、学内が「東光会的」になってきた、と見る。右翼、反動と言われながらも一途に「修養」してきた少数派が、時代の流れの中で、本流になりつつあるのを敏感に感じたのであろう。だから東光会はリーダー的、能動的に振る舞わねばならぬと結んだ。

会報第三号はここで、初めて会員、ＯＢの住所録を掲載した。東光会が発足した大正十二年から昭和十三年五月現在まで名簿は百人になったが、大正十二年以前に山荘に住んだ二九人も先輩として載せた。現役会員は除外している。最初の名簿だけに生死不明、住所不明者も目立つ。特徴的なのは、やはり満州、朝鮮、台湾に渡ったＯＢが一七人もいることだ。東光会の初期の名目が「亜細亜の解放」だっただけに、それを裏付けているのだろう。

このあと東光会は日中戦争、太平洋戦争の激流に飲まれていくが、その後の活動についてはここでいったん中断し、当初の会報「消息」号で大きな動きになった「石田家」を巡る状況に触れてみたい。

第五章　東光会本部・石田家の山荘

東光会が本部を置いた石田家の成り立ちについては、第一章の「東光会結成」で触れたが、ＯＢたちは寄せてくる近況、消息の最後に必ずと言っていいほど「爺さん、婆さん」は元気にしていますか、と気遣いをみせた。いわば、下宿屋の主人夫婦は永年に渡って学生たちに愛された。その石田の爺さんが実は借金の「火の車」に陥り、これを助けようとする下宿人たちの奔走が掲載されている。

家主の窮状救済

昭和十一年七月発行の「東光第一号—五高東光会」（消息号）からその一部始終が始まる。まず、納富貞雄（大正十四年卒、東大）は「檄」として会員に呼びかける。「嘗《かつ》て石田家へ下宿された諸氏へ。諸氏は五高生活の三年間、立田山麓の茅屋（石田家）で釜の飯を共に食い、汲み上げた井戸の水を共に飲み、同じランプの下で書に親しみました。その下宿屋の爺様は七十歳を過ぎて耳が遠くなり、

昭和 19 年春の山荘住人。左から沖田豊、箱田吉清、保坂哲哉、清田誠、高橋為雄、有馬東洋男、嘉悦きち、石田圭介、木村倫平。前列左から石田民次郎爺さん、キヲ婆さん、抱かれている孫久ちゃん、河野寿雄

婆様も歳（年齢）には勝てません。その爺様が昔、木炭用の材木購入で失敗、いま巨額の負債を抱えて苦しんでいます。お世話になった吾々としてはこの際、負債の整理に協力したいがどうでしょう」と呼びかけたのである。五高卒業以来、社会的地位も向上し、経済的にも幾分の余裕ができただろうから、みんなで助けようという趣旨である。この顚末に東光会の団結力と絆の強さがあふれている。

石田の爺さん夫妻が学生から受け取っていた下宿代は当時で一か月一五円ほどだった。今でいうなら三〇〇〇円ほどか。それで五～六人の学生を賄っていたわけだが、それでは自分たちの生活にまで回す余裕はなく、日々、困っていることは学生たちも薄々感じていた。ときには下宿代以外にもまとめて「慰労金」を渡していたが、どうもそんな心遣いでは追い付かず、最早「崖っぷち」の状態であることが察せられた。見かねた納富貞雄の義侠心が先ほどの「檄」になったのである。呼びかけに対して全国から満州から続々と金が送られてきた。

これと並行して負債整理の交渉を担当したのが、圓佛末吉（大正十五年卒、東大）と廣瀬正雄（大正十五年卒、東大）。借りた相手から話を聞くと、石田爺さんは炭焼き用の材木を買い付けた際、騙されたようで多額の支払いに困り、借主を頼ったようだという。また、親戚が作った借金の保証人になり、かぶってしまった。その合計がなんと約六五〇〇円。今なら一三〇〇万円にも上った。これなら下宿代で返せるはずがない。幸い借りたうちの一人の子息が郵便局の職員で、当時、日田（大分県）郵便局長だった廣瀬が頼み込み、幾分か割り引いてもらった。

寄付に対する会員の姿勢はすこぶる好意的で、東光会本部にする以前の寄宿者たちも呼応した。「病気をしたとき、婆さんから親身になって世話を受けました」「素朴な爺さんに再三迷惑をかけました」「夜中に腹が減り、台所の残りご飯をこっそり食べました。その罪滅ぼしです」「食事中に同居人とけんかになり、ちゃぶ台をひっくり返して爺さんに怒られました」「質朴な爺さんを安心させてください」。満州の中村寧（大正十五年卒、京大）からは「山の御老人に対する心づくしに深謝する」と二回に渡って計三五円を送ってきた。中村が満鉄奉天事務所長の宇佐美喬爾（大正四年卒、山荘先住者）に話したところなんと百円、兄の宇佐美寛爾（明治四十年卒、満鉄鉄道局長）も五〇円、東大教授の大内兵衛（明治四十二年卒、東大）、長崎の播磨二郎、三郎兄弟（九大）なども続々と送ってきた。石田夫妻の人徳が偲ばれるというものだ。寄付を募ってから四か月で負債整理を終え、なおかつシロアリに食われて倒壊の恐れありとした山荘を合わせて改築してしまったから石田夫妻の感激もひとしおだった。

こんな石田夫妻について、少し詳しく書いておこう。爺さんは石田民次郎（文久元年～昭和二十年、八十三歳で死亡）、婆さんはキヲ（慶応四年～昭和二十六年、八十三歳で死亡）。同居していたのは民次郎の孫・久子、通称久ちゃん。久ちゃんの両親は仕事のため他所で生活していた。それにキヲの妹の子供「お吉ちゃん」。本名・嘉悦きちの四人。純情、質朴、好々爺を絵に描いたような家族で、学生たちも安心して暮らしていた。多額の寄付金を出した中村寧は石田夫妻にことのほか世話を焼き、爺さんが還暦のときには、家族四人を熊本市の有名料亭に招待、初めてという西洋料理を食べさせた。大正十五年には京都大学にいた中村が夫婦をこれまた京都旅行に招待、中村の下宿に十日間住ませて寺院の観光案内をした。初めての旅行に石田夫妻は後々まで思い出として語り続けた。久子が成長すると東光会員も結婚させようと世話に務め、脇山良雄（昭和五年卒、京大）は長崎市で結婚相手になる小学校教諭の小崎庄次郎を見つけ、縁談にこぎつけた。久子の長男は小崎侃《かん》、いま山頭火を得意とする版画家である。

信心深い爺さんの日課は朝一番のお祈りだった。それも神仏混淆で、「仏様」「神様」「稲荷様」「地蔵様」と呼びかけた後、ＯＢや現役会員の名前、それに亡くなったＯＢまで覚えている学生たちの名前をあらんかぎり口にし、健康と平安、冥福を祈ったというから半端ではない。その献身的な後ろ姿を下宿している学生たちは毎朝見ていたので、とても嬉しかったという。

まだある。時代は下って昭和十八年、このころになると五高の学生たちも戦時体制に組み込まれるようになった。高等学校令が改正されて就業年限を短縮、五高でもこれに倣い、昭和十八年三月の卒業予定は前年の十七年九月に、十九年三月予定者は十八年九月と、半年前倒しされた。また、文科系学生に対する徴兵延期の特典がなくなり、学徒出陣者が出てきた。勤労動員もあった。東光会員も例外ではなく、長崎の三菱造船所や北九州の鉄工所に行った。こうした状況に山荘住人も減り、十八年九月の卒業生が出ていくと二人になってしまった。この二人もいつ勤労動員になるか分からない。「このままでは石田爺さんたちの生活が成り立たない」と心配したのが鹿児島出身の有馬東洋男（昭和二十年卒、京大）。熊本逓信講習所の所長をしていた廣瀬正雄に金集めを相談すると、

終戦直後の五高生。このうち東光会員は後列左から清水簾、山口卓郎、一人おいて久米是博。前列左から河野元一、一人おいて萱嶋太郎、山本六男

即決で了解を得た。昭和十九年六月、萱嶋太郎（昭和二十年卒、東大）とともに先輩を回ることになり、二人で上京。東京では満鉄の総務部長をしていた江藤夏雄、大阪では浪速高校教授をしていた原正、岩国では女学校校長の納富貞雄に会い協力を求めた。もちろん、会報や郵便でも先輩たちに募金を求め、東光会員以外にも呼び掛けた。最終的には二七三二円、当時の大学卒業初任給が七五円（銀行員）だから、いまなら九百万円ほどであろうか。近くの黒髪郵便局の貯金で「石田家養老金」として預けられた。

石田家はその後、民次郎の弟の息子・正治が継いだが、正治は旧制熊本中学時代に納富の教え子になり、東京商船学校に進学、横浜港で長く港湾パイロットをしていた。「消息」に何度も近況を寄せ、定年後に帰郷。山荘の跡継ぎになり、東光会の特別会員として尽くした。昭和五十五年、自宅前に建った東光会記念碑の敷地は正治の提供によるものだ。その後、元山荘は建て

替えられ、いま正治の子息が守っている。

会報「東光」の消息号ではこのほか、東光会の活動が鈍って解散話が持ち上がり、先輩たちが心配する様子が報告されている。昭和十一年夏ごろのことで、東光会顧問の高森良人教授を始め、OBたち七人が懇談会を開いたところ、現役の会員が一人も出席しない。調べたところ活動は停止状態で、解散寸前であることが分かった。これに怒った先輩たちが後輩の現役会員を呼びつけて叱り飛ばし、奮起を促した。幸い騒動は短期間で収束し、東光会は再び活動を始めるのだが、これらの一件は「卒業しても東光会の活動を見守るのはOBの責務」とする共通認識ができ、その後の東光会の結束につながった。東光会を見守り、山荘を見守り、石田家を見守ってこその東光会であることを見せつけた「雨降って地固まる」の動きだった。

第六章　日中戦争から太平洋戦争へ

話を元に戻そう。日中戦争に突入するや、五高生の周辺もにわかに戦時体制に組み込まれていく。東光会でも激流に翻弄される出来事が次々に起きた。

盧溝橋事件から二年後の昭和十四年十月十六日、中国戦線に赴いていた岩永一《かずえ》（＝のちに改名して泰岳）の戦死が山荘に届く。岩永は昭和九年に五高を卒業して東大文学部に進学、哲学を勉強していた。東光会時代は小柄で、沈着、冷静、酔うと長崎の島原弁丸出しの饒舌になり、誰からも愛された。長男であり、召集は遅れると友人たちのだれもが予想していたが早かった。

召集令状、そして戦死者も

このころから二十歳を過ぎた大学卒業生にも召集令状が届くようになり、その多くは中国大陸に行く。岩永の四年先輩の脇山義雄（昭和五年卒、京大）も昭和十三年に召集され、一年半後に中国・山西省に出征、当地で仄聞した岩永の軍人生活について「東光」第五号（昭和十四年発行）に寄せている。脇山の「陣中便り」で興味深いのは、文中で自分が、あるいは岩永が中国のどこにいるのか伏せ字で書いていることだ。戦地から故国に出す便りには戦略上のことを勘案して地名を伏せたのだろう、陸軍の指導は徹底していた。脇山の報告は生々しい。

「私の所から二里（八キロ）奥で岩永君が最前線の警備についています。前面の敵は支那最強の聞こえある部隊です。多々、襲来あるも岩永君は奮闘、常に敵中に飛び込んで蹴散らしています。勇名、轟くばかりでこれが一介の哲学者ですから驚くばかりです。東光会出身の軍人として誇らしく思っています」

中国戦線の岩永一（右）（昭和９年、戦死）

多少の誇張はあるかもしれないが、岩永が激戦の地にいたのは確かだろう。その岩永も同時期ごろ山荘に便りを出しているが、こちらは「写真を送ります」と当り障りのない文面である。ただ、進軍途中の「北京西側」「石家荘」で撮った写真とあるから岩永の陣地は北京の西側、華北省の中心地あたりにあったのだろう。この付近は旧満州の南東側になり、抗日勢力の強かったところでもある。だが、つい先日には元気な便りを寄せた岩永の突然の訃報である。「東光」は嘆いた。

「噫《ああ》!!　故岩永泰岳先輩」
「大陸に於いて一大聖戦の火蓋が切らるるや、勇躍大陸の野に在りて、聖戦の矛をとりて、死を顧みず奮闘、力闘されし今は無き我等の岩永泰岳先輩の英霊は靖国の御社に神鎮ります。身を以て天皇帰一の範を垂れられし先輩の霊は今尚我等の内に潮と感ぜしめらる。吾等一同此処に謹みて先輩の英霊に対し忠心より哀悼の意を表し奉る」

また、岩永の遺族に対しては、所属していた連隊長から戦死の模様が詳細に伝えられ、遺族から東光会にその報告が回ってきた。連隊長は陣地争奪の小隊長としての岩永の奮闘を称え、「相手の砲弾により無念かな落命したが、武人として申し分のない豪放明智な軍人でした」と綴ってきた。ここでも戦死した具体的な地名は伏せられている。岩永と一緒に東大に進んだ播磨三郎（昭和九年卒、後に九大へ転校）が友人を代表する形で岩永を偲んだ。大学での二人は当然のように「東大朱光会」の門をたたき、東光会以来の思想性に磨きをかけた。だが、岩永は次第に仏教に興味を覚え、二人は疎遠になる。しかし、岩永の訃報に接して播磨は思い知る。「見よ、岩永は名前も『一《かずえ》』から『泰岳』に改め、一個の仏弟子として仏門に精進しつつあった。日本軍人として立派に御国に殉ひ身を以てこの問題に解答を興たではないか」として思いを詠った。

秋雨の冷たきこの朝はからずも　貴様の訃をわがきかむとは
たはやすく交わり来しが貴様はも　君に召されて命ささげり
今こそは神となるべし大君に　醜《しゅう》の命を掛げつくせり

戦死の知らせは山荘を悲しみで包み、住人みんなで泣いた。石田爺さんは仏前に座り込んでお経を唱え続けた。このように東光会出身者も数多く戦地に赴き、このときの名簿からは他に五人が戦死している。村上満男（昭和六年卒）、播磨二郎（昭和八年卒、京大～九大）、綱脇貞美（昭和十　年卒、京大）、清田誠（昭和十八年九月卒、九大）、矢野泰彦（昭和十八年十二月卒、九大）。前途有為な若者たちだった。

岩永が亡くなった丁度このころ、東光会に入ったばかりの高橋為夫（昭和十八年九月卒、東大）に関する武勇伝がある。武勇伝というより、反骨精神の賜物といったほうが適切かもしれない。当時、南満州鉄道総裁の松岡洋右（一八八〇～一九四六）に対して日本では批判の嵐が起きていた。満州では産業振興のため盛んに日本からの企業誘致を進めていたが、そのうちの一企業に対して猛反発が起きた。「バックにアメリカ資本がいる。満州をアメリカに売り渡すもの」という批判である。松岡は「満蒙は日本の生命線」なるキャッチフレーズを作り、満州建国のあと、各国の批判を受けて国際連盟を脱退した外交官である。満州開発では「二キ三スケ」の一人（他は岸信介、鮎川義介、東条英機、星野直樹）とも言われた手練れの行政マンだが、少々、独善的傾向があり、現地開発を進める岸信介らから疎外される一面もあった。この松岡について、高橋為夫が「逆賊・松岡洋右」「忠臣・小村寿太郎（日露戦争後のポーツマス条約交渉人）」と書いたガリ版刷りの宣伝ビラを作り、人力車に乗って熊本市内でばら撒いたのである。なんともまぁ派手な行動だが、当然ながら熊本南警察署員に逮捕され、留置所にぶち込まれた。署では取り調べの警官から殴る蹴る、水をかけられるの暴行を受け、十一日後にようやく解放された。この暴行で血を吐き、結果的には胸を病んで熊本医大（現・熊本大学医学部付属病院）に入院する羽目になったというから、ある面では勇ましい硬骨漢でもあった。「勝手な言動は許さない」との官憲の意向が強かった時代である。

そして昭和十五年、文部省は全国の大学、高校の思想強化に乗り出し、学内サークルの名称を「報国団」に切り替えるよう指示した。五高でも十一月十日に「龍南学徒報国団」が結成され、東光会も改名を迫られる。こうした締め付けはサークルだけではなく、教科名や授業内容にまで及び、国語、漢文は古典科に、体操は体練科、外国語授業は大幅に削減された。英語、ドイツ語授業の叩き込みは旧制高校教育の特徴だったのに、半分以下に減った。学生寮の自治は寮生の自主運営が伝統だったが、校長の権限下になり、学生たちの身なりまで監視の眼が光った。名物だった弊衣破帽、長髪、高下駄は「気がたるんでいる」と見る配属将校に厳しく注意された。背中まであった長髪を将校からの強硬指令を受け、泣く泣く切った寮長もいたほどだ。野球の「ボール」「ストライク」「アウト」「グローブ」が敵性語として日本語化され、それぞれ「だめ」「よし」「ひけ」「手袋」となったことに戦後、「皮相な対処」と笑いを伴ったことがあったが、これと同じようなことが、日本の高等教育の現場でも起きていたのである。だから、東光会も「龍南報国団養正班」になった。

直前に、五高にあった文化サークルの新入生勧誘パンフレットが勇ましい。「我が竜南五高は偉大なる未完成品を造るモットーとして、エゴイスト的に小さく固まるを最も排撃する。雄大絶後、山紫水明の境にて大きく大自然の正気に触れ、将来に天翔ける礎因を造ろう」と呼びかけている。

九つの文化サークルの筆頭が東光会、「日本精神を奉じ、大自然の正気にふれる修養団体」と案内。以下、蒼龍社（座禅）、仏教青年会、花陵会（キリスト教青年会）、科学同好会、童話研究会、双葉会（洋画）、映画同好会、洗心会（書道）、龍吟会（詩吟）とある。このように愛国精神の強化は、逆に言えば五高全体が東光会的な色に染まりつつある時代でもあった。

「龍南報国団養正班」とはなったものの、名前が変わっただけで中身や会員の気分が伴ったわけではない。東光会はあくまでも東光会だった。否、むしろ時代の空気を背に精鋭化していったのである。

結成二〇周年

そうした中で、昭和十七年、東光会は結成二〇周年を迎えた。会誌「東光」は記念号を出しているが、発行元はもちろん「龍南報国団養正班」になっている。巻頭言を河野寿雄（昭和十七年九月卒、東大〜九大）が書いている。

「東光会は大正十二年四月、欧州大戦後の功利的、唯物論的思想、並びに軽佻浮薄の風潮が日本に氾濫したとき、吾等が先輩たちが結集、マルクス主義と戦ってこれを沈黙させ、東亜経綸策を論じて『満州事変』の卓見を示した。設立以来、一貫するのは〝まこと〟であり、〝大丈夫の意気〟である。天皇陛下を大御親と慕い、現人神と崇め奉る真呼日本人を生み出してきた。汝の本然の姿を把握し、天皇の赤子たる汝の本然を悟れ」

顧問・鈴木登教授の「東光会の生まれたころ」や高森良人教授の「漢詩」、納富貞雄の「後輩諸賢に寄す」の寄稿を得て、格調高く彩っている。気分も高揚しているのだろう、現役会員の論文も気合が入っているようだ。河野は『日本世界観の根本的性格』、松田宏（昭和十七年九月卒、東大）は『まこと』、高橋為夫は『無』、石田圭介（昭和十九年九月卒、東大）は『万物流転をよみて』など、難しい言葉で持論を展開している。

山荘での生活も過激になり、昭和十七年三月には長沢亮太（昭和十九年九月卒、東大）が「自分を鍛える」として一週間の断食に入り、明けると矢野泰彦（昭和十八年十二月卒、九大）と二人して宮崎県の高千穂まで歩き天岩戸近くの河原で禊《みそぎ》をしている。尊皇精神で名高い菊池武時を奉った菊池神社（菊池市）や肥後藩主・加藤清正の菩提寺・本妙寺（熊本市）に参拝し、山荘では佐賀藩の『葉隠』や『二宮尊徳夜話』を輪読して修養を続けた。東南アジアにおける米軍との戦いで「転戦、転戦」を聞く、緊張する二十周年の日々だった。

そうした会員の気分を多々見恭資（昭和十八年九月卒、京大）が述べている。「つい最近、自分の生活に非常な矛盾を発見した。口には天下国家を論じ、国を憂えて立つ気概を示しながら、日々の生活は栄達を求め、名誉を追って自己中心的であった。しかし、その非なることを悟り、国家中心の生活になることを目的に努力し始めた。維新の志士の国に対する純情を学びたい。お上（天皇）のお召し（応召）であれば率先して（戦地へ）赴く決意はある」

揺れ動く心情であろうか、若者特有の高揚感であろうか、この時山荘にいた多々見と清田誠（昭和十八年九月卒、九大）、森寿（昭和十八年九月卒、東大）、高橋為夫、矢野泰彦（昭和十八年十二月卒、九大）、長沢亮太、岡本準水（昭和十九年九月卒、東大）の七人は「充足を求めて」論議を沸騰させる。つまり、「時局困難の折、いまの東光会は安逸に流れ、これでいいのか」「行事優先より、まずは修養だ」「伝統に縛られて創造力が欠けている」などと真剣な論議を続け、傍から見れば、極めて独りよがりにも見える論議だが、当人たちにとってみれば真面目な口説であった。論議に疲れると酒を飲む、昼寝をする、碁を打つ。その挙句が「解散だ」「山を下りる」「いやここに残る」と再び、朝まで口角泡を飛ばした。結論は得られず、堂々巡りが続く中で、大川周明が五高に来て講演した。これ幸いと山荘に来てもらって日ごろの疑問を問い質すと、大川は明快に答えた。「テクニックを捨て、ただひたすら熱と誠をもって事に当たれ」。加えて「いまの東光会は設立当初の気風と違うようだ」と言われた。つまり、「空理空論が過ぎており、原点に戻れ」ということであった。これはとても気になる指摘だった。

しかし、論議は堂々めぐりする。混迷に拍車をかけ、深みにはまっていくだけである。リーダー的な役割を果たす会員がいなかっただけにさらに下向きのスパイラルが続く。丁度そのころ、満州の建国大学から日本の視察と満州の現状報告のため教授と学生十人が熊本にやってきた。建国大学は満州国の帝国大学とも言われ、文字通り各国から実に優秀な学生たちが入学していた。熊本には蒙古系、スラブ系、日系が来た。座談会が開かれ、五高生や熊本工業専門学校（現熊本大学工学部）、東洋語学専門学校（現熊本学園大学）の学生たちも出席した。建国大学の学生たちが口々に言ったのは、「アジア解放」「アジア復興」の重要性である。『世界に目を向けよう』という。これに東光会のメンバーはショックを受ける。これこそ先輩たちが言っていた結成当初の原点ではないか、忘れていた。ここからがまた東光会らしい。「死ぬ覚悟で自らの心身を鍛え、東光会をもう一度見つめ直そう」と強く決意。清田誠、多々見恭資、長沢亮太、矢野泰彦の四人が仰々しくも「死出の会」と称する一週間の合宿を計画した。「ヘトヘトになるまで心身を鍛えてみよう」。今から見れば実に直情径行、大袈裟すぎてあきれるほどの振る舞いだが、当人たちにすれば大真面目である。山荘の西側、山を越えた裾野にあった八景水谷《はけのみや》公園近くの神社を拠点に合宿が始まった。二月、熊本の一番寒い時期である。

宣誓

我等が心は大君（天皇陛下）のもの、吾等が身体は大君のもの、吾等が衣食は大君のもの、吾等には大君の他ある事なし、吾等は誓って大君のため死なん。

誓約

一、死ぬ覚悟第一と心得べきこと。

一、学業専念たる可き事。

一、遊情逸眠その他俗事廃す可き事。

一、鬼神となり、泣いて友を叩く可き事。

こうして合宿が始まった。学生たちの狂気じみた行動に近所の人たちは好奇の眼を向けた。朝六時に起きて境内で剣道を一時間、湯気の出る身体を神社の御手水で清め、学校に行った。食事もしていないので足元はフラフラ、山荘から届いた弁当二個を四人で食べ、ミカンを皮までむさぼって腹を満たした。夜は持参の丹前一枚、あまりにも寒いので、神社から借りた布団二枚に四人が抱き合って寝入った。毎朝の野稽古に汗をかき、水腹に耐え、寒風をしのぎ、東光会の行く末を論議するうちに一週間が過ぎた。無鉄砲ながらよくしたもので、ここまでやるとお互いの心根が分かり、絆も一層強まった。これで東光会の再建を果たすつもりだったが、そうではない。「ここで一気に脱皮だ」と「東光会を否定する」ように合宿した四人が揃って山荘を出たのである。この間、長沢と多々見は満州旅行のついでに東光会の先輩たちを訪ね、新しい時代に踏み出そうとする自分たちの考えを披瀝、どこでも好意的な意見だったので、意を強くして帰国、「興亜班」なるものを結成してしまった。興亜班は「日本の現状を打開するには、まずアジア問題を解決するのが筋である。東光会創立の精神に戻ろう」とし、「生活に重きを置いて日本を深く研究する」養正班と分裂状態に陥った。しかも「興亜同志会」なるものを名乗って、五高近くに事務局まで置いた。山荘での発会式には十数人が参加した。また、同じころに「座禅班」もできて、東光会は龍南報国団のもとに三派に分かれたような状態になった。

綱領書き変え事件

興亜同志会は勢いづく。東光会の綱領について、「〝日本精神〟は古い、生ぬるい。〝尊攘精神〟だ」「〝東洋〟は〝大東亜〟にすべきだ」「〝社会人〟は〝日本国民〟へ」「〝社会に生きる〟は〝行動すべきだ〟に」と激論したあげく、綱領を次のように書き変えてしまった。

綱領
日本精神の神髄を体得し復興亜細亜の見識を養成し赤誠以て興亜の礎たらんことを期す。
発会宣言
一、我等は肇国の精神に則り、神国顕現に挺身せん事を期し、互いに同志として相結ばんとす。
一、我等は日々天皇彌等を念じ亜細亜の民の幸せに思ひを致す。
一、我等は念々死を覚悟し身を地下千尺の地底に投ずる大丈夫の道を踏む。
一、我等は五高伝統の剛毅朴訥の真精神に生き道義五高の革正に質す。
一、我等は興亜は興亜に有りと確信し、内にあっては、神道、外にありては東洋古聖賢の道を興ず。

と、やって長沢亮太は、山荘に掲げてあったあの徳富蘇峰書の綱領掛け軸を日本刀で切り落としたのである。意気軒高だったのであろう。会誌「東光」に「出山録」としてことのいきさつを書き、

「先輩が憂慮されていることは分かっているが、これは私たちの信念でやったことです」と勇ましくも喧伝してしまった。

これに対して東光会のOBたちは憂慮した。五高時代に蛮勇で鳴らした田島辰義（昭和一三年卒、東大）は直ちに山荘に乗り込み「軽率だ」と叱責、次いでこれも先輩として名高い幡掛正浩（昭和九年卒、京大）が突然、山荘に現れた。先輩を尊敬し、奉ることは東光会の欠くべからざる資質である。「貴様ら何事だ！」と幡掛は顔を真っ赤にして烈火のごとく怒った。綱領書き変えに怒り心頭、東京から馳せ参じたのである。幡掛は後輩たちの不穏な動きを察知して気になり、東光会のOB会員に心配する手紙を出していた。綱領まで変えたことに「そこまでやるか」と驚いたのだろう、その剣幕に現役人は一瞬にしてシュンとなった。幡掛は後に伊勢神宮の少宮司になる気骨あふれた人物で、昭和初期の東光会を牽引した伝説的な大先輩だった。この一喝に長沢亮太ら後輩たちは右往左往する。これを心配した高橋為夫が走り回って幡掛正浩はようやく鉾を収め、興亜班騒動は終わった。東光会綱領も山荘の床の間に戻った。だが、幡掛の長沢に対する怒りは収まらず、「貴様は一生かけてこの〝本然に生きる〟綱領通りに生きてみろ。それが出来るまでは許さん」として東光会を破門してしまったのである。

この綱領書き変え事件後、養正班、興亜班は自然と一本化、元のさやに納まって山荘は落ち着きを取り戻した。だが、日本を、五高を取り巻く環境はまさしく「戦雲急」になる。東南アジアで展開していた日本軍はアメリカとの戦いで撤退に次ぐ撤退で総崩れの様相を示していた。国内体制も厳しさを増し、女子学生の勤労動員まで始まった。東光会の会員名簿を見ると、昭和十七年九月から繰り上げ卒業が始まり、昭和十八年九月、十九年九月、二十年と卒業日が続いている。昭和十八年には入学試験から外国語がなくなり、学徒出陣で戦地に赴く生徒も出てきた。五高でも十月十三日に出陣学徒壮行会があり、陣地に赴く六〇人が並んだ。東光会報の日誌はこれを見て書いている。「今ぞ征くのである。感激之に勝るものがあろうか。この感激を持ち続けよう。我々が死のほかに寸分の生さえ望まんとならば、我々は恥ずべきである」

この年の暮れには徴兵年齢が二十歳から十九歳に引き下げられ、仮卒業制度もできた。綱領書き変え事件を起こした長沢と矢野、多々見も出征することになった。文字通り総力戦体制になったのである。勉強どころではなくなった。会報「東光」は昭和十九年九月版が戦前の最終版になった。巻頭に特に「宣言」を設け、「皇祖の御神勅を奉戴し皇統を護持し奉り宇内統一の実現に殉ず」と謳いあげた。巻頭言も戦時一色である。

「外夷皇土に迫り　国内猶混沌たり。時難にして真人を思うや切!!　此の秋有形無形　東光会と繋がりある同憂の諸先覚諸先輩の御奮闘たるや只有難し。而も吾等は　之等諸先輩を乗越えて進まねばならぬ。自らを省みよ、余裕が有りすぎる〝私〟がある。故に自ら一層道を混沌たらしめている自分自身に一喝せよ。呶々《どうどう》　何ぞ必ずしも多言を要せんや、絶対絶命の道をひたぶるに進むのみ。七度を生き返りつつ大君の　みいつ御代を祈らむ　日の神のみいつかがぶり　みいくさの　みさき仕へむ東光の子ら」（筆・有馬東洋男）

時勢であろうか、このころ東光会の学生たちは盛んに明治維新の関係神社や郷土史家を訪ねている。最も頻繁なのは歴史家の荒木精之（一九〇七〜一九八一）である。荒木は熊本で月刊の文化雑誌「日本談義」を創刊、明治維新に熊本で吹き荒れた反政府軍「神風連」の志士を弔い、山荘近くの桜山神社境内に「神風連資料館」を建てるなど尊攘精神の篤い思想家でもあった。荒木から明治維新の熊本の様子を聞いた後は、神風連烈士の墓前に額ずいて、慰霊した。また、神風連の首領、太田黒伴雄（一八三四・天保五年〜一八七六・明治九年）の関係する飽託郡天明町（現熊本市）の新開大神宮を訪問、遺品を見て回った。熊本市の藤崎八旛宮や菊池市の菊池神社にも出かけ、熊本市東部の横井小楠の墓前には「徹夜参拝」と銘打って歩いた。

勤労動員も通年になり、学徒出陣が相次いで勉強どころではないという時期でもあったからだろう、「真剣に授業を受けた記憶がない」という、当時の学生たちの思い出である。「わずか一年四か月の五高生活だった」というOBもいた。西村他也彦（昭和二十年卒、東大法、後に九大医）は五高入学後、一年ほどで長崎の三菱造船所に動員され、そのまま予備学生として召集、すぐに少尉候補生となり、特殊潜航艇「海龍」の乗員に指名された。海龍は人間魚雷「回天」と同様の二人乗りの潜航艇で、呉で訓練を受け、神奈川県の横須賀で待機しているうちに終戦になり、命を落とさずに済んだ。最終版の会員名簿では一〇八人中、二二人が出征中、もしくは軍隊所属になっている。

昭和二十年の三月ごろになると、米空軍の襲来を受けた空襲警報も連日のようになり、熊本市でも焼夷弾の攻撃が始まった。山荘のある立田山周辺も例に漏れず、すぐ近くの家に命中、吹き飛んだ。竹藪から雑木林までまさに絨毯爆撃のようだったが、幸いかな山荘は免れた。あるときは石田の爺さんと婆さんを下宿人の清水廉（昭和二十二年卒、東大）と中村正（昭和二十三年卒、九大医）が背負うようにして炭焼き窯跡の防空壕に連れ込んだ。爺さんはこんな時でも東光会関係のアルバムをバッグに入れ、抱え込んでいたという。

そんな日々の中で、突如として陸軍が立田山一帯を米軍迎撃の高射砲陣地にするため、開発を始めた。しかも、山荘を接収して司令部にするという。これに慌てたのが、二人の下宿人、中村正と山本六男（昭和二十三年卒、東大）。「伝統ある山荘を守ろう」とばかりに走り回った。そのうち伝手が見つかる。一つは同級生の萱嶋太郎（昭和二十二年卒、東大）。このころ萱嶋は既に出征していたが、萱嶋の父・高（一八八九～一九五六）が春まで熊本・第六師団の留守師団長をしていたことが分かったのである。これ幸いにと師団司令部に出向いて、山荘の事情を説明、なんとか思いとどまるよう訴え続けた。しかし、学生が計画中止を求めたところでたかが知れている。困っていたところへ思わぬ助け舟が表れた。しかも陸軍内部からである。いきさつはこうだ。

昭和二十年一月、冬休みで福岡の実家に帰省していた山本六男が五高に帰る途中の鳥栖駅ホームでたまたま宮崎滔天（一八七一～一九二二）の自叙伝『三十三年の夢』を読んでいた。そこへ陸軍の矢吹尚文大尉と称する将校が話しかけてきた。『三十三年の夢』は宮崎滔天が中国革命に飛び込み、孫文らと奮闘するも失敗して失意のうちに帰国する内容だ。矢吹大尉は拓殖大学時代にあの満川亀太郎のかばん持ちをしたあと、現役将校として蒙古百霊廟の特務機関長になったと自己紹介した。

特務機関は諜報活動が中心だから、宮崎滔天の行動は十分に承知していた。だが、無念かな矢吹は胸を冒されて帰国、久留米の陸軍病院に入院していた。一時退院して熊本の部隊に行く途中で山本六男に会った。宮崎滔天と自分の失意が重なる部分があったからだろう、滔天の自叙伝を読む山本六男を見て親近感を覚えた。山本も満川亀太郎がかつて大川周明らと同志的立場にあったことを十分知っていたので矢吹が「大先輩」のように思え、後日、沖田豊（昭和二十年卒、九大）とともに病院を訪ねた。三人が瞬く間に意気投合したのは言うまでもない。その後の山荘接収話である。山本六男と中村正はここぞとばかりに矢吹大尉に事情を話したところ、陸軍幹部の説得に協力を約束、ついに計画は中止になった。矢吹大尉は東光会の陰の恩人であった。

昭和二十年七月一日夜、熊本市は米軍Ｂ29による焼夷弾空爆で、壊滅的な被害を受け、市街地の三分の一が焼失した。熊本ばかりではない。日本全国の主要都市が絨毯爆撃で焼け野が原になっていた。誰の眼にも敗戦は必至と映った。山荘の東光会員も敗戦処理に走った。まずは「綱領を燃やしてはならない」と徳富蘇峰に書いてもらった掛け軸を守るため、山本六男は疎開先を捜した。近くの禅寺に頼み込んだが引き受けてくれない。そこで、菊池郡西合志村（現合志市）のお寺に頼みに行ったら、今度は叱られた。「そんなに大事なものなら自分たちで守りなさい」。仕方なく掛け軸を抱き抱えて帰る途中、丁度、上空を通りかかった米軍のグラマンが「ダッダダッダー」と機銃掃射。山本六男は死に物狂いで逃げて芋畑に倒れこみ、助かった。結局、綱領は自分たちで守ることにした。

広島、長崎に新型爆弾が落とされ、想像を絶する死者が出て日本は終戦を迎える。

II 戦後を生きる

第一章　敗戦、そして過酷な運命

昭和二十年八月十五日、東光会員は戦地で、故国で、職場で、そして山荘で天皇陛下の玉音放送を聞いた。運命が、人生が一瞬にして激変する真夏の一日となる。

加来数寿は前年の九月に五高を卒業したあと熊本医大に入学していた。時々、山荘へ様子見に来ていたが、終戦になって思い知った。「アジアの盟主を信じていたのにまさか負けてしまうとは」。茫然自失も束の間、アメリカの進駐軍が熊本にも来るのを知り、危機感を抱いた。噂では「国家主義的な愛国団体への追及が始まる」という。永年に渡って神州不滅を唱え、尊皇精神を力説してきただけに「東光会も危ない」と察したのだ。当時、山荘には山本六男と中村正、清水廉（昭和二十二年卒、東大）がいた。山本と中村は、陸軍による山荘接収を防ぎ、山本は綱領を空襲から守った当人である。加来は「証拠をなくすため」彼らと相談、綱領掛け軸は「なんとしても守れ」と山本に託した後、自らは東光会の日誌や会計簿、名簿など重要書類、書籍を山荘の庭で燃やしてしまった。後に高橋為夫から随分と叱られたが、あの時は切羽詰まっていた。そして山本は「これをどうするか」。思いついたのがかつて綱領掛け軸を預けようとして怒られた、あの西合志村のお寺。

再び訪ねて頼み込んだ。三拝九拝してようやく「宝物殿」に受け入れてもらった。結局、進駐軍のおとがめはなく、取り越し苦労に終わり、掛け軸は昭和二十一年になって山荘に戻った。終戦のごたごたで心労がたたったのか、山荘の石田民次郎爺さんは一か月後の昭和二十年九月十五日に亡くなった。享年八十三。掛け軸は今、熊本大学にある五高記念館に保存されている。

シベリア抑留、戦犯

加来が山荘の庭で東光会の書類を燃やしているころ、中国・満州の首都・新京（長春）でも黒煙が上がっていた。これまた満州国の重要書類を日本人の政府職員が大量に焼却していたのである。秋近い大空を覆うほどの煙は逃げまどう日本人の不安を掻き立てた。

シベリア鉄道で続々と武器弾薬を運んでいたソ連軍は、八月九日に日本に宣戦布告した直後、中ソ国境の三か所から満州に襲いかかった。ソ連軍の新京突入は間近に迫っているのに、関東軍は満州南部の朝鮮国境に近い通化に司令部を移して首都は無防備になっていた。否、首都を守ろうにも関東軍の主力戦闘員は「根こそぎ動員」で南方アジアに移り、戦う力もない「かかしの軍隊」になっていた。首都の黒煙はそんな満州に見切りをつけた証拠隠滅でもあった。関東軍不在の中で、防備の前線に立っていたのは警察部隊で、そのトップは星子敏雄。満州国の治安を預かる警務総局長として責任重大だった。軍高官の家族は既に新京からの脱出を始めており、部下の一人が「逃げましょう」と誘ったが、星子は熊本弁で「そぎゃんこつのでくるもんか」と拒否して指揮を続けた。混乱の中で、「満州の夜の帝王」とも言われた甘粕正彦が青酸カリで自決、星子は義兄の葬儀や埋葬にも追われた。

停戦後、星子はソ連軍将校と「満州引き渡し」のための交渉を続けたが、ソ連側はまず、協和会関係者を徹底的に拘束、次いで司法、警察、関東軍の上級者を探し出しては逮捕した。ロシア語通訳、通信技術者など少しでもソ連に敵対行為を働いたとみればこれも引っ張った。星子にも「ちょっと来てくれ、話がある」と連れて行かれたまま帰れなかった。妻の璋は夕方には帰って来るだろう、と「行ってらっしゃい」で送り出したが、再会できたのは一一年後（昭和三十一年）だった。ソ連軍は全土で日本人六〇万人を拘束、戦勝国の捕虜として極寒のシベリアに抑留してしまった。終戦で日本が受諾したポツダム宣言では、「日本軍隊は完全に武装解除された後、各自の家庭に復帰し、平和的かつ生産的な生活を営む機会を与えられるべし」とあったが、ソ連側は全くこれを無視した。また、金塊や貴金属はもちろん、工場施設や工作機械、自動車、列車などの輸送機関、農産物や農耕馬まで日本が手掛けた資本財産を手あたり次第に持ち去った。しかも、それらの撤去、運送に日本人を徴用したのだから、中国側さえも「やりすぎだ」とあきれた。

抑留には、東光会関係では今吉均（昭和二年卒、東大）、溝口嘉夫（昭和四年卒、東大）、渕上雄二（昭和六年卒、京大）も含まれていた。協和会にいた中村寧は混乱をかいくぐって一年後に帰国、江藤夏雄も満州の華北交通で終戦を迎え、これまた日本人に紛れて故郷の佐賀に帰った。渕上雄二は抑留後昭和二十五年に帰国する。しかし、星子と今吉、溝口の三人はこのあと「戦犯」として過酷な体験をする。

シベリアへ抑留された日本人は、ソ連軍によって選別され、高齢、病弱だった日本人は早い段階で送還され、高位、高官だった者は順次裁判にかけられ、監獄に送られた。そればかりではない、逃げ隠れのできない極寒の地で長期間の強制労働を強いられ、身体の衰弱と病気で亡くなった者も六万人以上。今でも終焉の地が分からない人もおり、遺族や関係者は事あるごとに早期解決を訴えているが、遺骨収集と墓参はなかなか進まず、日ソ関係のトゲになっている。

さてまず、溝口である。ソ連軍がハルビンに侵攻したのは八月十日ごろ、溝口はこのときハルビン地方検察庁の検察官をしていた。ハルビンはモスクなど西洋風の建物が多く、ロシア革命を逃れて亡命していたロシア貴族の縁故者もおり、中国内でも異国情緒あふれた都市である。日本人によるハルビン学院でのロシア語講座も盛んで若者たちの学ぶ姿も目立った。しかし、そうした土地柄だからこそ各国のスパイ活動、防諜組織も活発でソ連にすれば極東での目障りな国境都市でもあった。

そんな溝口がなぜ満州に来てシベリア抑留され、「戦犯」になったのか、その手掛かりとして中国・撫順の戦犯監理所で書いた供述書がある。溝口はソ連軍の取り調べを受けた後、「重要人物」として中国共産党に引き渡された。約千人の日本人の大半が撫順で長期間にわたる指導、教育を受けて「過ちを認め」、これをしたためたのが「認罪」と称する供述書である。内容は出身地・長崎の家族構成から大学時代の勉強内容、中国に来た動機、満州での仕事内容など詳細を極め、レポート用紙にして四四枚の供述になっている。それを手掛かりに足跡をたどる。

溝口は長崎の旧制長崎中学を四修（四年、普通は五年）で終え、五高に入っているから相当に優秀な学生だったことがうかがえる。五高・東光会時代は目立たない学生だった。京大に行った田川博明（昭和四年卒）と同期で、田川が剣道に汗を流し、満州志向がむんむんだったのに対して、溝口は大人しい、学究肌の学生だった。東大では「マルクス主義研究会」に加入、資本論を読み込み、「講座派」と呼ばれる助教授から「ロシア語学者になれ」と勧められた、と述べている。東光会は「反マルクス主義」を標榜しており、溝口も五高時代はさんざん叩き込まれたはずなので、東大で「マルクスを研究した」との方向転換には少しばかり矛盾も感じるが、どんな気持ちでこの供述をしたのか不明だ。また、大学時代の昭和三年に満州事変の予兆となる関東軍の「張作霖爆殺事件」が起きているが、これにも異議をとなえ、「日本軍は満州から撤退すべし」と述べている。しかし、当時は世界的大不況で日本での就職がままならず、仕方なく大学卒業と同時に満州国政府に職を得た。「中国人民を直接弾圧しなければ侵略にはなるまい」との思いだったと振り返っている。満州では、上級公務員を鍛える新京の大同学院にも入学した。このころの大同学院では先輩の星子敏雄が教官を兼任していたので、溝口も教えを受けた。以降、司法畑を歩くことになるが、東光会の縁からすれば、むしろ星子から誘いを受けて治安関係に進んだと考えるのが自然だ。

検察官だから当然のことながら、仕事の相手は犯罪者である。検察官になった当初は万引きや窃盗、軽微な刑事、経済犯が中心だったが、経験を積むと堪能なロシア語会話と翻訳能力に目を付けられ、ソ連の情勢分析を担当、次いで思想事件の処理をまかせられた。広大な満州国では警察や軍の監視網は行き届かず、治安は完全ではなかった。だから警察、軍は「匪賊討伐」に躍起になった。反満抗日の救国戦線部隊を中心にスパイ組織の要員やその支援者と見られる人物が大勢検挙されてくる。確たる証拠もない荒っぽい拘束もあった。溝口は検察官としてそれら「抗日人民」を犯罪者として取り扱った。特に、ハルビンから朝鮮、蒙古に近い地域の反日活動は活発で、北朝鮮の金日成が率いる抗日ゲリラには手を焼いていた。大量逮捕があると再々応援のため地方に出向いた。ハルビン時代は忙しい中にも、時には東光会の二年後輩、渕上雄二（濱江省警務庁勤務）が訪ねてきて一緒に酒を飲むこともあった。

溝口は書いている。昭和二十年までの検察官活動で多くの思想事件に関わり、抗日人民一四〇人近くを取り調べ、九四人を起訴した。裁判では二八人の死刑求刑と、六六人に一〇年以上の求刑をした。取り調べ中の獄死もあり、死刑執行にも立ち会った。「これらは全部、私の責任であります」と回顧している。

公表されている供述調書は詳細を極めているが、溝口がスラスラと述べたわけではない。敗戦でソ連軍に逮捕された後、ハルビン監獄に収容され、九月下旬に溝口たちは三〇人ずつ押し込められた貨車でシベリアのウォロシーロフに連れていかれた。急造バラックのラーゲリで抑留者の前歴尋問が行われ、色分けされた。高官たちはさらに何度も奥地へ移され、年明けた昭和二十一年三月にカザヒ共和国のラーゲリで徹底的な取り調べを受けた。治安要員に対する調べは「反ソ活動家」としてことに苛烈で、拷問こそなかったが、零下数十度の部屋で暖房もないまま放置されたこともあった。こうした抑留生活を続けるうち、昭和二十四年十月、国民党との内戦に勝利した中国共産党の毛沢東がモスクワに来てスターリンと会談、ソ連に抑留中の満州国総務庁長官・武部六蔵（一八九三～一九五八）、総務庁次長・古海忠之（一九〇〇～一九八三）、関東軍の鈴木啓久中将（第一一七師団長）、藤田茂中将（第五九師団長）ら日本人九六九人の中国への引き渡しが決まった。「反帝国主義的活動が顕著な人物」とする中に溝口と今吉も含まれていた。翌年の昭和二十五年八月に輸送列車で中ソ国境を越え、撫順に入った。撫順は中国有数の産炭地で、ここに日本人用の留置所「戦犯管理所」が設けられていた。五年ぶりの中国だった。経歴、肩書からして厳しい取り調べと極刑も覚悟していたが、労働もなく日々意外と緩やかな生活が続く。留置所はレンガ造りのスチーム入り、食事は白米においしい料理が続き、シベリア抑留時代に黒パンと澄まし汁みたいなスープだったことを考えたら、雲泥の差の扱いだった。中国人職員は高粱米の貧しい食事をしており、「この待遇はいったい何だ」といぶかしんだが、後になって周恩来首相の厳命を受けた「思想改造」のための処遇だったことが分かる。つまり、警戒心を解かせて取調官との信頼関係を作る「温情措置」だったのである。

一方、シベリアからの移送組とは別に中国内には他の日本人戦犯がいた。日本敗戦後に中国に残留、国共内戦中に国民党軍に加勢して捕らわれた一三〇人である。彼らは太原戦犯管理所に留置されていた。

戦犯管理所での認罪

撫順に来た日本人戦犯の中には日中戦争が進むうちに銃殺、斬首、強姦、略奪、放火などいろんなことをやった者が含まれていた。中国側はソ連から引き渡しを受けた取り調べ書類をもとに、留置している日本人戦犯の一人ひとりについて罪状を徹底的に調べていた。「動かぬ証拠」「多数の証人」も揃えていた。溝口の行った検察官活動もほとんど掌握されていたが、これを直接突き付けられることはなかった。「勉強してください」「思い出してください」。柔らかい口調に丁寧な物腰である。取調官は日本人が自ら自分の罪状を告白し、反省することを辛抱強く待った。身に覚えのあるものは当然のように「とぼけ」「はぐらかし」「だんまり」を続けていたが、いつまでも表向きの平穏な時間が流れるものではない。ある時、日本人戦犯に対して、戦犯管理所職員の一人が指をさして「お前を覚えているぞ」と憎しみをぶつけた。長い時間の後、ついに「葛藤」「良心の呵責」に耐えかねて一部の日本人戦犯が「罪状告白」を始めた。その姿勢が認められて寛大な処分につながり、「帰国につながる」との噂が流れた。それが「認罪」競争になったわけではないが、涙してみんなの前で告白する者も出始めた。中国側の持久戦作戦は当たった。

「認罪」とは「被害者たる中国人の心情と加害者である日本人の心情が激しく交差し、触れ合い、理解しあった瞬間」と言われているが、これによって中国側は「思想を憎んで人を憎まず」の姿勢を採った。

撫順に来て六年後の昭和三十一年四月、勾留中の全員に重大発表が放送された。「日中友好と改悛の情を考慮して寛大な処分を決めた」という。管理所内に拍手と歓声が沸き起こった。六月から八月にかけ、瀋陽、撫順、太原の最高人民法廷で判決があり、計一〇一七人の不起訴と保釈、そして帰国が実現した。この間、三七人が病死、溝口など残り重要犯四五人は瀋陽と太原での特別軍事法廷にかけられ、懲役八年から最高懲役二〇年の判決が下った。溝口はこの裁判で、終戦前日に抗日軍の副官を死刑執行した責任を強く問われたが、懲役一五年。勾留中の期間が加えられ、しかも満期前に釈放されたので、帰国したのは昭和三十四年の暮れ、ハルビンでソ連軍に逮捕されてから実に一四年間の「戦犯」生活だった。

もう一人の戦犯、今吉はどうなったか。今吉も三五枚に上る「認罪供述書」を残している。大分県中津市に生まれた今吉は、地元の旧制中津中学に進んだ後、途中で約一五キロ離れた福岡県の旧制築上中学校に転校、優秀だったのだろう、これも四修で五高に入学している。一年先輩が中村寧や廣瀬正雄らであり、文字通り東光会の草創期に活動していたことになる。この時期のメンバーは「アジア復興」を唱えて中国大陸へのあこがれが強く、今吉も東京帝国大学法学部を卒業後、陸軍近衛野砲連隊の幹部候補生を経て昭和七年二月、満州に来た。奉天の自治指導部に入ったのは新しい国家建設に燃えていたのだろう。まさに、満州国の建国宣言が行われた時に中国の大地を踏んだのである。先輩の星子敏雄は警察制度の創設に取り組み、中村寧は自治指導部員として撫順にいた。「五族協和」「王道楽土」の夢が目の前にあった。昭和八年、熱河省にいた今吉は首都・新京に呼び出された。そこにいたのは江藤夏雄、星子敏雄、それに庭川辰雄。五高、東光会の大先輩たちで四人で痛飲した。昭和十四年七月、今吉はハルビン市がある濱江省の総務科長をしていた時、熊本の東光会本部に近況を寄せている。

「満州も夏です。興安嶺一面に高嶺の花が清く美しく咲いています。日本人移民も可能で、その調査を続けています。大和民族推進の第一線を守っているという自覚の下に精進しています。日本では二・二六事件など色々と起きていますが、社会の動向に正しい目標を与えてやるのは国を想い、世を愛うる人の任務であります。東光会の形は亡びても決して精神の不要を物語るものではありますまい。江藤兄がまた新京にやってきて中村寧兄と協和会に入りました。五高出身の星子敏雄、庭川辰雄、松岡三雄、本庄完等、中堅処で異彩を放ち、極めて元気です。ご安心ください」。満州にいながらも日本の動向を気にし、東光会精神を持ち続けている気概が見て取れる。

渡満から敗戦までの約一三年間、今吉の働きは目覚ましく、満州国政府機関の中枢部をほぼ一年ごとに異動、最後は星子敏雄の直属の部下、警務総局警務処長だった。ソ連軍が新京に進駐して逮捕され、シベリアに抑留されたのは溝口と同じ経緯である。昭和二十五年八月に溝口たちと一緒の列車で撫順戦犯管理所に入り、「思想改造」を迫られた。

今吉の「認罪供述書」を読むと、中国側がいかに今吉の「戦争犯罪」を調べ上げていたか驚くほどだ。今吉が満州国政府時代に担当した部署は一五か所。その一つひとつで行った「偽満州国政府の政策遂行」「抗日愛国者弾圧のための企画、支援」「農産物の供出強制」「日本神社建立の尽力」「抗日部隊支援の農家焼却」「親書の秘密検閲」「開拓農地の強制買い上げ」。数え上げたらキリがないほどの罪状が詳細に上げられ、最終的には六五件にもなっている。もちろん、これらを今吉が具体的、直接的に手を下したわけではない、問われたのはその遂行に際して指揮、監督、命令、了承する立場にあったためである。

「政治教育、道徳教育、日本語強制など植民地教育を監督する立場にありました」「農産物の出荷目標に届かないため、白米の全量出荷を強制、農家の人たちは雑穀を食べていました」「愛国精神が不足しているとみた多数の中国人を矯正院に送りました」「軍用工場が人員不足になり、中国人民の強制駆り出しを進めました」「鉄道を守るため沿線農家が抗日軍の拠点になるのを防ごうと、多数の農家を焼き払いました」「逮捕した抗日人民への斬首現場にも立ち会いました」。溝口も今吉もこれらの供述を強制されたものではないだけにこうした記述を見ると、日本の満州統治がいかに中国人民を苦しめ、侵略的であったかが理解できる。

「認罪」の結果、今吉は懲役一六年の判決を受けた。「生きて帰れたら日中友好に尽くしたい」と誓い、服役中の戦犯管理所では養鶏班の班長として「労働の尊さ」を学んだ。溝口よりも刑が一年重かったのは「偽満州国造り」の根幹部分を担っていたとみなされたからであろう。服役満期前の昭和三十六年八月に釈放されたが、帰国は溝口より二年遅れた。

ソ連政府が満州国の政府要人や関東軍の高官を中国政府に引き渡したのに対して、星子敏雄はなぜシベリアに留め置かれたのか。撫順の戦犯管理所で、満州国高官の武部六蔵や古海忠之ら星子の上役だった二人も、結局は「認罪」し、日本の統治政策の誤りを認めた。もし、星子が中国に送られていたらどうなったであろうか。

星子の渡満からシベリア抑留、そして帰国後の生涯については、拙著『満州国の最期を背負った男　星子敏雄』（弦書房）に詳しく書いたので重複は避けるが、ソ連政府の狙いはなんであったのか。「利用価値」という観点からすれば、満州国の事実上のトップだった武部やナンバー2の古海のほうがはるかに重要な地位にいたので情報の質も高かったはずだ。一貫して治安関係の職務にあった星子は、関東軍や日本政府の動向にも詳しく、なにより防諜網の責任者でもあったのに目をつけられたか。北方領土占領や北海道の分割統治など、ソ連側としては戦後の「対日政策」の方向性を導くために必要な人物とみたのだろうか。また、「対日交渉の引き出しカード」に使うためだったのか、その点は判然としないが、ソ連側の思惑が外れたのは、取り調べに対する星子の頑強な否認であった。両手を伸ばせば壁に届くほどの狭い部屋で、長期間の監獄生活を強いられ、極寒、深夜、長時間に及ぶ取り調べに加え、襲い掛かる飢えにも星子はついに折れなかった。病死、発狂の恐怖にも耐え抜いたのである。「認罪」の取り調べ手法を採った中国側とは全く逆の手法は通じなかった。特に星子が反発したのは「侵略」「スパイ罪」という、自らの全生涯を否定し、質実剛健、五高精神に反する「破廉恥な罪」をかぶせようとするソ連側の容疑を認めるわけにはいかなかったのである。

戦前の満州国を経験した誰もが、自分の行為について「侵略」「植民地政策の先兵」という認識を否定した。「捕虜」ならまだしも、「戦犯」などあり得ない烙印である。星子にもその心情を聞いたことがあるが、同じ答えだった。教科書にも、一般的な歴史認識でも「満州建国」は侵略であった、と問い質しても考えは変わらなかった。日中戦争を「支那事変」、太平洋戦争を「大東亜戦争」と呼び、「日本も朝鮮や中国の国造り（資本整備）に貢献した」「アジア諸国を西欧列強からの植民地解放に尽力した」と、いまでも一面の功績を称える人がいるが、通奏での認識は星子達と同じものであったのだろう。

星子は言う。満州国が崩壊した原因に、「関東軍にやられた」。これはどういうことか。星子や東光会の仲間たちは、満州行きについて「侵略」など思いもよらず、むしろ「五族協和」「王道楽土」を夢見て、「アジア解放」「日中友好」を唱えた。これに対して、「満州の植民地化」を狙う関東軍は満州国政府の一挙手一投足を監視、「内面指導」によって勝手な行政をさせまいと手足を縛り続けた。言わば「傀儡政権」としたのである。しかも、関東軍は満州だけでなく、南京や重慶にまで手を広げて「中国全土の満州化」を画策、国民党、共産党と泥沼の戦いを繰り広げた。内陸部奥深くまで戦線を拡大して抜き差しならなくなった挙句が、経済封鎖を仕掛けるアメリカとの開戦につながった。これらの動きの一つひとつで「あそこの動きを止めることができていたら」「あそこで留まっていたら」と、何度思い返しても残念な悔いがよみがえるのである。関東軍の暴走を食い止めることができなかった自分の非力さ、そして最後は警務総局長として「中国侵略」の加担の形にまでなってしまったうしろめたさが、星子たちの「東光会精神」を相殺してしまった。それが「関東軍にやられた」のであろう。こうして満州国は一三年五か月の幕を閉じた。待っていたのは「ラーゲリ」と「戦犯管理所」だった。

九大生体解剖事件に連座

星子や溝口、今吉がシベリア、撫順で苦闘しているころ、日本国内でも戦勝国による戦争責任の裁きが進んだ。ここでも東光会出身の青年医学者が「戦犯」として追及を受け、苦境に陥っていた。九州大学医学部の「生体解剖事件」である。終戦間際、福岡県の久留米付近を空爆した米軍のＢ29爆撃機が日本空軍の迎撃を受け、熊本県の小国郷と大分県の竹田付近に墜落、パイロットなど乗員九人が地元住民や警察に拘束され、福岡の捕虜収容施設に集められた。その処置を巡る中で、九大医学部外科教室の教授を中心とするチームが米軍捕虜八人に対して、生きたままで解剖実験をしたのである。秘密にしてきた事件は終戦後に米軍が進駐する中で明るみに出た。「軍法会議にかけず処刑のような形で生体解剖し」「丁重に埋葬せず、死体を冒とく」「虚偽の報告と情報収集を妨害した」などとして教授、助教授、講師、助手、看護師、それに協力した日本の西部軍関係者など大勢が逮捕され、「戦犯」として東京・巣鴨の拘置所に収監された。日本中がこの事件に驚いた。逮捕された助手の一人が東光会出身の児玉和夫（仮名）だった。

この事件については、これまでにも多くの作家、ノンフィクションライターが取材、中でも上坂冬子の『生体解剖　九州大学医学部事件』（中公文庫）が詳しい。文中で上坂は事件の性格を考慮して実験に関わった人物など多くは仮名にしている。他の作家も著書で同様の取り扱いをしており、私も仮名にする（末尾の東光会会員名簿も同様）。

五高時代、児玉は元気な若者だった。校内の武夫原を闊歩し、体育大会では応援団長を、文化祭でも率先して動き回る学生だった。もちろん、東光会でも同様で論理的な話しぶりは、「将来の優秀な医学者」ぶりをうかがわせた。五高時代に熊本市の老舗洋品店の娘を見染め、終戦直前、妻にした。当時の医学部教室は「教授の権威は天皇陛下並み」と言われたもので、戦前に九大医学部に在籍していた内尾太郎（昭和二十年卒）に言わせると「教授の命令には絶対に逆らえなかった」そうだ。だから、外科教室の教授が指示しての生体解剖で、児玉は手術中に「ライトを照らす役」を言い渡された。児玉の妻（九十五）はまだ存命（平成二九年現在）で「断れなかった、と言っていました」。結局、児玉は昭和二十年の暮れに逮捕されて、重労働（懲役）一五年の判決を受けた。妻は一回だけ面会に行った。事件の中心的存在とみられた教授は留置中に房内で自殺し、残りの被告三〇人のうち軍関係者、助教授の一部は死刑、終身刑の判決だった。児玉は東京・巣鴨拘置所で八年間服役、昭和二十八年の初夏に仮出所した。人望があったのだろう、多くの友人が出所を出迎え、「出獄の日、元気な顔うれし」としたためた似顔絵つきの色紙を贈った。九大側でも児玉に対する同情があったのか、仮出所した三日後には医学部の研究室入学を許可、三か月後には医学部付属病院の副主に採用された。翌年二月には文部教官の辞令を受け、昭和三十年十一月に医学博士になった。その後、福岡県内で開業、地域住民から信頼される医師を続け、五高の同窓会や九大の医学部OB会にも積極的に参加、熊本での寮歌祭などでは羽織袴に学生帽子で乱舞した。平成六年に死亡、享年七十四。児玉もまた戦争に翻弄され、「戦犯」として思わぬ人生を送った東光人だった。

その後、星子敏雄はソ連側から禁固二五年の判決を受けたが、日ソ国交正常化宣言が行われた昭和三十一年に釈放され、暮れにナホトカから興安丸で帰国、舞鶴（京都府）の地を踏んだ。熊本市の助役を経て市長を四期務めている。熊本県中国残留孤児対策協議会の会長も務め、平成七年に死亡。享年八十九。終生、過去を閉ざし続けた。

溝口敏雄は帰国後、法務省に入り、少年院の院長などを歴任したが、在職中に撫順での経験を応用、非行少年の心を粘り強く解きほぐして更生させたこともあった。撫順の戦犯管理所仲間らとは「中国帰還者連絡会」を結成、日本政府への補償要求や日中友好に尽力した。中帰連のメンバーたちは「中国に洗脳された」と批判も受けたが、溝口は昭和五十九年に中国から撫順戦犯管理所の元所長らが来日した際、歓迎会の代表委員も務めた。その際、次のように述べている。「管理所生活を振り返れば、皆様方が貴重な青春を犠牲にして我々のために一〇年の心血を注がれた往時のことが思い出され、感激と感謝と申し訳ない気持ちで一杯であります。先生方、本当にありがとうございました」。昭和六十二年に死亡、享年七十七。

今吉均は帰国後、民間会社に勤めたが、その後は体調が思わしくなく、二度の手術を受け、昭和五十五年に死亡、享年七十四。数奇な青春だった。

第二章　尊皇・神学の系譜

東光会は設立当初から「天皇崇拝」「神社神道」「民族主義」「アジア復興」「反社会主義」の色彩が強かった。今なら右派、右翼、国家主義とでも言うのであろうか。だから参加した学生たちの尊敬する人物や読書傾向、日々の言動もおのずと方向性が似通った。大川周明、北一輝、満川亀太郎、安岡正篤、さらには明治維新で活躍した吉田松陰、西郷隆盛、横井小楠である。熊本市の立田山中腹に設けた東光会本部には、これらの人物の書籍や論文、歴史書がたくさん置かれ、学生たちは夢中になって読んだ。蓄積は論議を超えて実践になり、社会を変革するエネルギーにまで突き進む。帝国大学への進学コースもおのずとそれらの延長線上になり、ひいては卒業後の就職、生き方にまで影響した。戦後の日本の教育、学術、思想分野で「尊皇・神学の系譜」に立った人たちは少なくない。

伊勢神宮少宮司の要職

東光会出身でその色彩が最も濃いのは福岡県出身の幡掛正浩（昭和九年卒、京大）であろう。後輩たちが起こしたあの「綱領書き変え事件」で、山荘に乗り込み、一喝して目論見を止めさせた筋金派である。

幡掛の真骨頂はなんといっても伊勢神宮（三重県）の少宮司という要職を務めた点である。伊勢神宮は周知のとおり天皇家の祖神、天照大神《あまてらすおおみかみ》を奉る日本最高位の神社である。そこの少宮司と言えば、祭主、大宮司に次ぐ地位で、上の二つは一般職からは就けないので、少宮司は伊勢神宮の実務的な総元締めである。ちなみにいまの祭主は平成天皇の第一皇女・黒田清子、大宮司は旧侯爵家の小松揮世久である。内には神職百人、一般職五百人を実質的に束ねる要となり、天皇陛下の参拝を出迎え、正月四日の内閣総理大臣の年頭参拝を取り仕切る。内外の重要人物を案内し、式年遷宮の準備も整える。日本人にとって「お伊勢参り」は江戸時代からの楽しみであり、いまは年間八百万人が訪れる国内最大規模の観光地でもある。環境、景観保全にことのほか目を配るのは言うまでもない。神社界での格式の高さは比類がなく、世界宗教者会議などの国際会議にも出席して

伊勢神宮少宮司時代の幡掛正浩

意見を述べる識見が求められ、幡掛は存分にそれらの職務をこなした。なによりも強みだったのは、その交遊関係の広さである。若い時から首相官邸に出入りするほどの多彩な人脈を持ち、皇室家の関係する重要な出来事には積極的にマスコミに出て発言し、注目を集めた。多数の著書と味わい深い短歌は幡掛の魅力にもなっている。だから東光会ＯＢの中でも異彩を放ち、終生、威厳と尊敬を集めた。

幡掛は大正二年七月、福岡県遠賀郡島郷村（現北九州市若松区）の戸明神社家に生まれた。父・幡掛正木は国学院大学を卒業して内務省の神社局に勤め、大正六年、葦津耕次郎らとともに福岡の著名な玄洋社の社史編纂を起こした人である。幡掛は大正十五年に旧制東筑中学に入るが、この年の暮れに大正天皇が崩御、「自我に目覚めた時から昭和天皇とともに歩いた人生だった」と振り返っている。翌年、父は世界遺産にもなった宗像神社の宮司に就任した。中国では蒋介石が南京政府を樹立したころである。

東筑中を四年で修了、いわゆる「四修」で五高に入った。本人は国学院大学に進学する予定だったが、友人に強く誘われて五高を受験、友人は落ちた。このころから手あたり次第の濫読が始まり、父の手掛けた『玄洋社社史』を熟読、里見岸雄の『天皇とプロレタリア』、ブハーリンの『共産主義のＡＢＣ』、高畠素之『マルクス学解説』と左翼系書籍にも手を伸ばし、中国の古典『十八史略』は五高入学前に読了した。

五高に入学した翌昭和七年の三月、五高史に残る学生のストライキが起きる。龍南会の総務委員が大学側の許可なく「雑報第一号」を印刷、全校に配布した。たいした内容ではなかったが、左翼思想の流布に神経質になっていた学校側は、学生二人に諭旨退学を勧告した。これに抗議して二年生全員が同盟休校に入った。習学寮にいた幡掛は最初、ストに強硬に反対していたが、途中で寮生から「卑怯者呼ばわり」されて転向、熱血漢の幡掛は先頭きっての旗振りになった。ところが、社会主義運動を監視する特別高等警察の課長が乗り込んで来て解散を命令すると寮友たちは一斉に尻込みし、ストは途端に腰砕けになった。この間一〇日、幡掛は「はしごをはずされた」のである。この出来事で「人心の頼みがたきを痛感」し、失意の日を過ごす中で先輩の福山郷太郎（昭和七年卒、九大）を訪ね、東光会の存在を知る。青春の傷はよほど深かったのであろう。学校寮から直らに山荘に移り、東光会の仲間たちとの交流で傷も回復する。そして、血盟団事件や五・一五事件が起こり、幡掛の思想性は急速に「国家革新運動」に傾斜していく。東光会が初期の修養、研修団体から思想団体に脱皮していく時期の活動には紛れもなく幡掛の存在があった。

五・一五事件関係者の助命、嘆願活動で九州一円の遊説をするなかで訪ねてきたのが、鹿児島・敬天会の北原勝雄。七高出身で京大農学部の学生だった北原の勧めで進学を東大から京大に変更したほど盟友になる。後に北原は終戦宣言の混乱時に鈴木貫太郎首相の官邸脱出に一役買うのだが、このころの学生に特徴的なのは、思想的活動のためには勉学そっちのけで全国の同志たちと行き来をする行動力である。明治維新の志士、坂本龍馬らが東奔西走したあのパターンである。

昭和九年、京大法学部に入り、北原と同宿してから幡掛の右派人脈は急速に拡大、陸軍士官学校の憂国の士たちとも交流するようになる。父祖伝来の国家主義思想に純度が増したのである。そして翌年、法学部から哲学部に転部し、その思想性にさらに磨きがかかる。当時の京大は猶興学会が血盟団事件のあおりでつぶれたあと、播磨二郎らによって結成された清明会も指導者不在で弱体化、北原らと再建を模索していたころで、幡掛の活動も次第に深化していく。清明会は昭和十年に再スタートし、以後、京大内の核心的な右派団体になるのだが、のちに幡掛は東光会の会報や自分の著書で重大な告白をしている。

「京大在学中、私はある異常な決意をしており、東光会時代（昭和七年四月〜九年三月）の日誌を焼却すべく西下し、ひそかに実行した。明日をも知れぬ命の若い一人の激徒が、せめて他人に迷惑を及ぼしてはならぬとの配慮からではあったが、貴重な資料を燃やして後悔している。お詫びしたい」

ポイントはこの「ある異常な決意」と「激徒」である。何をしようとしていたのか。幡掛は清明会を再スタートさせたあと、「国家神道精神の普及徹底」を名目に「京大神道青年会」「京大報功会」も結成、時節に合わせるかのように突き進む。その直前のころのことだ。「陸軍士官学校の同志に呼応して北一輝、西田税《みつぐ》（軍人、思想家）を斃《たお》すべく待機するも事ならず」（幡掛年史）との出来事があった。五・一五事件に向かう動きの中で青年将校による国家革新運動をめぐり北一輝と西田税の姿勢が大川周明を支援する将校たちと対立を深めていた。幡掛の「斃すべく」が具体的に何を指すのか不明だが、文字通りに読むなら、「倒す」か、過激にいうなら「暗殺」である。幡掛はそれらを実行することが、自分の所属した東光会に迷惑のかからないようにしておこうと考えての日誌焼却であったのであろう。事実、西田税は五・一五事件当日、血盟団関係者に「裏切者」として襲われ、ピストルで重傷を負った事件があった。一部から狙われていたのが現実になった。また、幡掛は右派学生として公安警察から要注意人物と見られており、何らかの機会に逮捕されるかもしれないと用心した末での日誌焼却だったか。いずれにしても精鋭化した思想的背景を示す興味深い一文である。

在学中、幡掛は陸軍が募集した全国学生戦線視察団に加わって満州各地を回り、卒業後は内務省の神社局総務課に就職する。しかし、官吏の空気になじめず、一年で辞め、北原の誘いで満州建国大学の講師になる。前にも述べたようにこの建国大学は先輩星子敏雄が教官として在籍、東光会のみならず、全国の思想的同志が「五族協和」を目指して作った学校である。幡掛が誘われたのも不思議ではない。

昭和十五年、結婚した相手は葦津珠子。珠子の父は福岡・筥崎宮《はこざき》社家の出身で国家神道に造詣の深い葦津耕次郎。幡掛の父が共に玄洋社の社史編纂をしたあの葦津だ。耕次郎の長男・珍彦《うずひこ》も後に『日本の君主制』『神道的日本民族論』など多数の著書を残した神道研究の第一人者と言われた人物である。その珍彦と義兄弟になり、頭山満を紹介された。葦津珍彦と二人で東京・目黒に福岡県の神社家の師弟を錬成指導する「葦牙寮《あしかび》」を創設、幡掛は寮長になる。学徒動員で立田山荘の学生がいなくなるのを心配して、山荘所有者石田民次郎たちの生活資金を集めて回った有馬東洋男と亹嶋太郎が東京での宿泊先にしたのがこの葦牙寮だった。また、昭和十九年九月に五高を出て東大国文に入った岡本準水（のちに福岡女子大、鶴見大学教授）もここを住まいにした。だから、ここには神社家の師弟だけでなく、東光会の現役、ＯＢや北原勝雄、四元義隆が出入りし、右派人脈の結集地にもなった。

アメリカと開戦した翌年の昭和十七年、政府による言論弾圧と思想監視は神道関係者にも及び、急速に息苦しくなる。青年将校によるクーデターや国家主義者のテロが絶え間なく続くことに政府も業を煮やしていたのだろう。ことに幡掛たちが私淑していた今泉定助（皇道社総裁）の天皇制を巡る論文が政府情報局から発禁処分を受けると、幡掛は葦津珍彦、頭山満、今泉定助らと連名で宮内庁掌典を批判する弾劾文を発表する。これが右派人脈まで巻き込んで東条内閣打倒運動にまで発展。葦牙寮に警察の捜索が入り、葦津とともに過酷な取り調べを受けた。これ以降は渋谷警察署と憲兵隊の監視下に置かれ、言論活動に制約を受け不自由この上なかった。その葦牙寮は米軍の空襲で全焼した。

その後、「親孝行として」郷里の戸明神社宮司になるも、席の温まる間もなく郷里と東京を頻繁に往復、次いで、海軍の二等水兵で応召され、佐世保にいたが、四元義隆の尽力で半年後には小磯内閣の情報局総裁だった緒方竹虎の秘書官に発令されて応召を解除される。この付近が幡掛の人脈の太さであろう。昭和二十年三月には内閣嘱託の北原勝雄と鈴木貫太郎首相の秘書官をしていた四元義隆の推薦で、迫水久恒内閣書記官の秘書になったのである。そして、終戦間際の七月末、首相官邸の地下室で緒方竹虎から「ポツダム宣言」の原文をみせてもらった。終戦宣言直前の首相官邸の動きは、映画やドラマで何度も再現された「日本の一番長い日」になるのだが、なんと幡掛はその渦中にいた。徹底抗戦を主張する陸軍の一部が首相官邸を襲う。この時、北原が鈴木首相警護を引き受け、幡掛が一緒にいた身辺警護役の学生たちを連れて逃げる役割になった。銃弾飛び交う中で脱出に成功、九死に一生を得た体験をしている。敗戦直後に鈴木内閣は総辞職、幡掛は後継の東久邇内閣で国務大臣に就任する緒方竹虎の秘書になった。その東久邇内閣も一か月足らずで総辞職、幡掛は翌年帰郷し、戸明神社の宮司に専念することにした。この時、三十三歳。なんとまあ、激動の人生であろうか。

北九州にいてもじっとしている幡掛ではない。昭和二十二年に「兄弟《けいてい》文庫」を設立するや、研究会を開き矢継ぎ早に論文を発表する。途中で県立若松高校の教員もするが、昭和二十七年、神職の九州大会があり、訪れていた伊勢神宮崇敬会理事長の宮川宗徳（一八八六〜一九六三）から「こないか」と誘われて、再び大海に乗り出す。この宮川は熊本県阿蘇郡河陽村（現南阿蘇村）出身、神社庁の初代事務総長をした人で、葦津珍彦とは親交があり、また幡掛の父の国学院時代の先輩だった。ここでまた人脈が生きてくる。翌年、伊勢神宮に赴任、以降は教学部、会計課長、庶務課長、大麻課長、文教部長を歴任、神宮皇學館館長や神宮幼稚園長、神宮研修所長などありとあらゆる要職をこなし、昭和六十年、少宮司に就いた。この間の対外活動や新聞、雑誌への文筆活動、講演会は引きも切らず、歌集や天皇家に関する研究書を刊行、文字通り、伊勢神宮の「顔」になった。ことに、神社庁を揺るがした「津地鎮祭訴訟」では先頭に立って論陣を張った。これは昭和四十一年、三重県津市が市立体育館の建設起工式で、費用負担をしたのに対して、住民が「憲法で定めた政教分離の原則に反している」として津市を訴えた裁判で、一審の津地方裁判所は原告敗訴にしたものの名古屋高等裁判所は「憲法違反」と断じたのである。しかし、最高裁判所は昭和四十六年、公金の支出を「習俗」として却下、憲法違反にはならなかったもののその後のこの種の公金支出は全国の自治体が慎重になった経緯がある。

幡掛は最高裁判決を評価したものの、一方で訴訟にまでなる風潮に対して講演や執筆活動を通じて批判、神社側を代表する主張を続けた。「伊勢に幡掛あり」と、その存在を一躍有名にしたものである。

幡掛の天皇崇拝は生涯を賭けたもので、その姿勢はいささかの揺るぎもない。神社関係の機関紙・神社新報では論説委員として持論を発表、注目を集めてきた。第二次世界大戦の敗戦で昭和天皇が「象徴天皇」になったことの痛みを「八月十五日は痛切の極みの日」とし、米占領軍によって神社神道と天皇制が切り離されたことに怒り続けた。そして「神道とは天皇のしろしめしの中に救いを見出す宗教である」との心情を繰り返し唱えたのである。この思いは神道人を代表する言葉であり、幡掛の思いはいまも続いていると言えるのではないか。ここに幡掛の思想的ベースを見ることができる。

少宮司は平成二年十二月三日に退任した。幡掛はその後も発信を続け、自らを「襤褸《らんる》にも等しい人生だった」として「襤褸残照」と題した小紙を発行、自在に持論を展開した。襤褸とは「ぼろぎれ」の意であるが、「その栄誉も、悲惨も、忍苦も、つひに挙げてこのわが陛下と一つのものであったといふ、しみじみとした哀惜の感慨である」と述べている。右派思想家の影山正治や保田與重郎とも親交、平成五年の神宮美術館開館では五高時代の友人河北倫明を館長に迎えた。また、熊本の歴史・思想家荒木精之とは縁深く、神風連百周年記念式典に招かれたり、荒木が主宰した「日本談義」に短歌を投稿して親交を温めた。荒木が亡くなった時は「惜しき人あまた死なせてまがつひの神のすさびの年逝かんとす」と弔歌を詠んだ。

平成九年には大相撲・友綱部屋（親方・元関脇魁輝）の新築に際して、部屋の看板を揮毫、友人たちと「不良大学」なる集まりを作って風流を楽しみ、老境を悠々と生きた。五高時代がことのほか思い出が深く、「良師良友に恵まれ、よく遊んだ三年の月日は生涯忘れない貴重な経験であり、人の一生で掛け替えのない青春の一時期だった」と述べている。平成十八年一月十四日、肺炎のため死亡、享年九十三。

神社新報を舞台に

幡掛に連なる東光会の神道人脈はその後も脈々と続く。幡掛が伊勢神宮で教科局の教学司をしていたころ、神社新報の編集長をしていたのは西田廣義（昭和十五年卒、京大）、西田も京大時代に清明会に所属、先輩・幡掛の活動ぶりは存分に聞いていた。終戦間際には召集で満州の関東軍司令部

石田圭介（左）と有馬東洋男（平成29年７月、多摩市のホテルで）

にいたこともあり、東光会の先輩たちとはたっぷり交わった。幡掛に誘われて神社新報に入り、津地鎮祭訴訟が名古屋高裁で違憲と言われたとき、西田は「違憲にあらず」と紙面展開、巻き返しを誓った。当意即妙の熱血漢で、著書に『日本国憲法と靖国神社』『神道と憲法』がある。

その神社新報に幡掛から推薦されて後任論説委員に就いたのが、石田圭介（昭和十九年九月卒、東大）だ。石田は炭都・大牟田の生まれで、旧制三池中学卒業。祖父が国学者だったこともあって保守的家柄に育ち、天皇制にも関心があった。東光会の会員募集を見て山荘に行ったら驚いた。一人一党の談論風発で、勝手に議論しており、その自由な雰囲気が気に入った。石田がいまも密かに誇りに思っているのは、当時から熊本の思想家だった荒木精之と親交を結んでいたことだ。「神風連の叛乱」など明治維新後に起きた肥後の歴史的事件ではその神髄を聞いた。「桜山なげく心にあえなくも又も散り継ぐ桜花かな」とは五高二年生のときに神風連を描いた詠だ。石田は「荒木氏の古武士のような人柄に惚れました」とし、いまでも「神風連友の会」の会員を続けている。学者肌の物静かな雰囲気で、東光会時代には会誌「東光」に平泉澄の『萬物流転』を読んだ感想を披瀝、「些思」では神風連の林桜園を登場させ、菊池神社に参拝した心情を綴った。いずれもすこぶる難解で、途中で投げ出したくなる抽象的な文章の連続だが、それが東光会員の粋がりでもあったのだろう、石田は「若気の至りでした。自分でも何を書いたか分からない内容です」と苦笑いした。

終戦前年の十月一日に東京帝大の入学式に出席したものの十日後には学徒動員で特別甲種幹部候補生として熊本の予備士官学校に入り、翌年六月卒業、見習い士官で宮崎の高鍋にいたとき終戦になった。昭和二十一年四月、東大国文科に復学、ある読書会で葦津珍彦を知り、「日本はどうして戦争に負けたんでしょう」と質問したら、敗戦を予言していたかのような口ぶりで「負けるべくして負けたんだ」との返事。太平洋戦争を「必敗の戦い」として反対運動をした人だった。「戦乱下にもこのように冷静に分析する人がいたんだな」と感服し、それからは一途に「葦津門下生」を貫いて来た。葦津―幡掛―石田の関係がこうしてできる東光会人脈の不思議さである。東大を卒業すると教科書会社の東京書籍に就職、「国語」の編集部門で働いた。東京書籍時代から天皇制に関する論文を発表。同時に昭和四十七年から二〇年間に渡り、神社新報の社外論説委員として教育問題を中心に健筆を揮った。教科書会社を定年退職後の昭和六十四年から日本文化大学（東京都八王子市）に日本思想史の教授として迎えられ、近世、明治維新を教えている。講義ノートのベースが葦津珍彦の史論にあるのは言うまでもない。「葦津のことならなんでも知っている」という通り、詳しい。その葦津は天皇後継問題について「女系絶対反対」を唱えていたが、石田は「実は毎日悩んでいます」と言う。「日本の右派系統の思想家でも絶対反対、宮家再興、容認論と、意見は分かれています。尊皇愛国では一致しても皇室に対しては時代時代で変わり、国民一人一人で考え方も異なるのです。だから、天皇制を〝文学論〟ではなく、論理的に語るべきです」

著書に『戦後の天皇擁護論』『近代知識人の天皇論』『戦後天皇論の軌跡』『近代日本政治思想小史』『むなかたさま　その歴史と現在』などがある。

日教組と対立、建国記念日制定

石田は教科書会社に勤めていたから文部省には頻繁に出入りしていた。特に昭和三十一年になると、かねてから尊敬していた先輩の鳥巣通明（昭和六年卒、東大）が視学官に任用されると机の前で一時間でも二時間でも話し込むようになった。時には、神社新報の西田が加わることもあった。日教組との対立が激しくなりつつある時代に鳥巣の任用は文部省にとっても切り札でもあった。

鳥巣については鹿児島の吉峯徳之助が死亡した際の葬儀で若干触れたが、長崎生まれの鳥巣は昭和三年、旧制長崎中学から四修で五高に入った。日本共産党の機関紙・赤旗が創刊されたころで、三月十五日の「三・一五事件」では警察による日本共産党への思想弾圧が本格化、治安維持法で一六〇〇人が検挙され、四八四人が起訴されるという世間を驚かせた思想事件が起きていた。当時の五高の雰囲気について後年、次のように述べている。

「教室や寮に持ち込まれる左翼系の刊行物を見て、学園内に赤い魔手が伸びているのに驚き、思想問題に関心を持つようになった」

と、言うように、鳥巣にとって共産主義思想、社会主義思想はどうしても相いれない〝赤い魔手〟だったのである。

昭和三年十一月十日に昭和天皇の即位式（いわゆる御大典）が京都であった。この時の心境を鳥巣は詠んでいる。

御大典　錦の御旗振りかざし　街頭《まち》に踊りし　白線の日よ

鳥巣も新天皇の即位を祝ったのだろう、五高の学生帽をかぶって乱舞した様子が率直に出ている。それくらい皇室への敬愛は強かった。事実、この御大典に際して全国で大勢の人々が即位を祝い、熊本市では小学校児童一万人による旗行列があった。併せて、功績のあった歴史上の人物に正三位が贈られた。熊本県関係でいえば、明治維新の思想家・横井小楠、南朝の功臣・菊池武安、種痘創始者・高橋無春圃、農事功労者・有働宗竜、水路開拓者・光永平蔵たちだった。

東大時代の鳥巣通明

明けて二年生になった昭和四年、長崎の先輩、脇山良雄（昭和五年卒、京大）から勧められて東光会に入会、大川周明や蓑田胸喜、高田保馬、安岡正篤の著書を読みふける新たな日々が始まった。特に平泉澄の思想には感銘を受け、生涯の師となるのは時間の問題だった。三年生になった時、山荘に移り住む。そこにいたのが吉峯徳之助。その豪快な男ぶりと直線的な考えに鳥巣はほれ込んだ。鳥巣は機会を捉えては心境を詠む。山荘での生活についても詠んでいる。

洋燈の芯かきあげて　先哲の　遺文《ふみ》に参ぜし　山の学び舎
酔ひて飲み　飲みて吟ぜしますらおの　雄叫びの声　耳になほあり

よほど強烈な山荘生活だったのだろう、端正な面持ちと静かな印象には似合わぬ、ほとばしる心情を見せる鳥巣の言動に、接した人たちは驚くことしばしばだった。また、五高生として鳥巣がいかに優秀な学生だったかのエピソードがある。学年試験の最中、鳥巣が早めに回答を終えると、その回答文が密かに教室を回り、それを写して進級できたクラスメートが何人もいたという。そして昭和六年、五高を卒業。鳥巣は吉峯に強く勧められて「平泉先生に学ぶため東大に行く」と決意して上京、東京帝国大学国史科に入学する。ところが東大助教授の平泉は欧州留学中で不在、先行きを思案していたところ、七月になって平泉が留学を早めに切り上げて帰国し、各地で「日本精神の復活」や「神皇正統紀と日本精神」と題する講演会を始めた。

このころの東大を鳥巣は「異常な雰囲気でした。有名教授等の国籍不明の講義内容、左翼学生の公然たる横行、革命前夜という言葉が異常な響きではなかった」と述べている。これに危機感を抱いた学生たちによって結集したのが昭和七年二月の「朱光会」。明治神宮の神殿で誓い合った。鳥巣がその中心メンバーになったのは言うまでもない。平泉については第二章で触れているので省略するが、当時は学生ばかりではなく、陸軍関係者からもその思想性と言動が注目された。平泉は東京本郷の大学近くに住んでいたが、鳥巣はすぐ近くに住まいを移し、文字通り平泉の家に入り浸った。そして平泉は自宅に「青々塾」を開設、学生たちを集めて講義を始めた。ここに陸軍の若い将校たちが出入りし、平泉の影響を受ける。鳥巣は昭和十年に東大を卒業、日本思想史研究所の助手を経て翌年、大阪の旧制浪速高等学校（現・大阪大学）の国史教授として赴任した。赴任直前、陸軍・皇道派の青年将校による二・二六事件が起きる。首相官邸や朝日新聞を襲撃して高橋是清蔵相らが殺害されるのだが、このクーデター鎮圧の一環として平泉が将校説得に乗り出す。これに鳥巣が加わっていたのである。この一件を見ても平泉の鳥巣に対する信頼がうかがえる。事件は戒厳司令部の名のもとに戒厳令が発布され、あの「兵に告ぐ」のラジオ放送で三日後に鎮圧される。

大阪には五年いたが、後任にはこれも平泉に学びたいと東大に来た東光会後輩の原正が国史の教授で就任した。鳥巣は昭和十六年に東京・中野にあった陸軍予科士官学校の教授に転身、翌年には東京帝大の文学部と国学院の講師になった。専門にしたのは朱子学を基調とする「垂加神道《すいかしんとう》」。終戦直前、鳥巣は『戀闕《れんけつ》』と題する著書を出版する。難しい漢字でほとんどの人が読むことも出来ないタイトルだが、その神髄を言えば「至尊のおはします宮どころを恋ひに恋ひする」（鳥巣の弔辞から）心情を表し、天皇、皇室へのはちきれるほどの敬いを吐露したものであった。『戀闕』を貫くものは「日本に生まれたからには天子様へ忠を盡《つく》し、命のあらんかぎり朝家の埋草ともなり、守護の神の末座に加わるべし」（戀闕序）との信念であった。まさに強烈な皇室愛である。

太平洋戦争が終わると国家主義者としての平泉は公職追放の対象になり、東大を退職、鳥巣もこれに殉じて東大を辞め、郷里の長崎に帰った。長崎では活水女子専門学校の講師を務め、のちに短期大学となった同大の教授に就任、このまま教授職で終わると思われたが、平泉門下生たちは鳥巣の能力を放ってはおかなかった。戦後も落ち着き始めた昭和二十年代後半に入ると、教育制度の在り方を巡って文部省と日教組の対立は、今からすると考えられないくらい激しく、教育現場は荒れ模様になっていた。教育委員の任命制、教科書検定の適正化、道徳教育の振興、教師の勤務評定など矢継ぎ早の教育制度改定に国会での論議も過熱気味だった。こうした時期に昭和三十一年、教科書調査官制度と教育現場の指導役としての視学官制度が創設され、鳥巣に視学官就任の白羽の矢が立った。「戦う文部省」の出現である。長崎まで来て説得したのは平泉門下生でのちに教科書調査官になる山口康助（大正十年生、東大国史卒）。当時、鳥巣と山口、それにこれも平泉門下生だった教科書調査官の村尾次郎（大正三年生、東大国史卒）は、日教組から「皇国史観」文部省三羽烏と批判されたものだ。教科書会社に勤めていた西田圭介が文部省で鳥巣と雑談していた際に言った。「（教科書を）左翼がかりにならないようにやりましょう」。鳥巣は「同じ考えだ。どこの国の教科書か分からないものが出回り、偏向教育も過ぎる」。その後、鳥巣は文部省内の調整や国会答弁の準備、合間を縫って道徳教育や教育課程の講習で全国ブロック説明に走り回り、新しい教育政策をほぼ原案通り押し通した。いまに続く戦後教育行政の原点に東光会、朱光会のメンバーが関わっていたのである。学校教育現場での国旗の掲揚や国歌の斉唱、近年では教科書の採択、道徳教育の復活論など、その延長戦は続く。

これらの手腕が注目されたのだろう、鳥巣は山口と二人で総理府に出向、今度は「建国記念日」の制定に取り組むことになる。平泉門下生の面目躍如である。何を以て建国の日とするか、神話が絡んでいるだけに簡単ではない。古事記や日本書紀が史実であるとの証明はことに困難を極めたし、明治六年制定の紀元節もそうだ。国会に設けられた審議会の裏方として想定問答集を作るのに徹夜もザラだった。その合間を縫って地方公聴会も開かなければならない。「紀元節国会」は荒れ、昭和四十一年、最終的には「二月十日」に決まった。国会で成立した日、鳥巣は恩師の平泉に報告したら色紙をくれた。

秋津島　眠りに堕ちて二十年　空やゝ白み　夜は明けむとす　寒林（平泉澄の号）

昭和四十四年三月、鳥巣は文部省を退官、直ちに長崎女子短期大学の第八代学長に就任、八年間務めた。平成二年に入って鳥巣は体調を崩すも「平成天皇の御大典までは見届けたい」と願い、晩秋の十一月十二日、念願をかなえた。そして、遺詠になったのが、次の詠である。

永らえて　今日の慶事《よごと》に会わむとは　この身の倖《さち》を妻と語るも

平成三年三月十七日死去、享年八十。葬儀は神道形式であった。勲三等旭日中綬賞。元熊本県教育次長の徳永春夫が五高、東大国史の後輩として弔辞を読んだ。

第三章　反骨精神

実は、東光会には一般の団体にあるような規則もなければ会費もないし、会長のような責任者もいなかった。あったのは綱領と鉄則、会歌だけで、会員の考えや行動を基本的に縛るのは自己責任だけである。「精神の自由」は完全に保証された組織だったから、例えば「天皇制」に対しても濃淡はあり、実体は「個人主義」的な性格が基本をなしていたと言えるだろう。もちろん、会誌「東光」を出すための用紙、印刷代や通信費、研修、合宿に出掛けるための交通費など運営費用は要るが、その資金はＯＢを中心に寄付金のような形で集めた。

確かに、東光会員の多くは右派、国粋主義に染まった学生たちと見られたが、一面では反権威主義的であり、正義感にあふれ、自尊心も強かった。太平洋戦争の敗戦によって価値観の一変が影響したのか、若い時に戦争を直接的に経験した世代では卒業後の人生で、自由な発想で進歩的な思想性を発揮した人も少なくない。

東光会の語り部

その中の一人、「オレが東光会の語り部だ」と自負する鹿児島県出身の有馬東洋男（昭和二十年卒、京大）は、多様な東光人そのものの生き方をしてきた。I—第五章で触れたとおり、山荘の石田夫妻を助けるため先輩たちに募金を求めて回ったあの有馬である。

有馬は大正十三年、薩摩の神社家に縁する家系に生まれ、旧制川内中学に学んだ。一本気な性格で、四修で五高を受験するも日本史の記述問題「国体論」が国家主義的な回答を求めているようで気に食わず、白紙答案をして不合格。翌年も受けたが、同じような試験でこれもボイコット、一年浪人して昭和十八年春、晴れて合格した。五高に入るやすぐさま生来の思想性にピッタリの東光会に加わった。とにかく熱血漢であきれるほどの行動力は近づいた友人たちをすぐさま引き込む魅力を備えていた。

これからが有馬の真骨頂である。五高に入学した昭和十八年春は太平洋戦争の終盤、政府の国家統制はさらに強化され息苦しくなっていた。この年の暮れ、東京にいる中学時代の友人が当時、日本でも有名な右翼団体に入っているのを知って興味を覚え、半ば退学覚悟で上京した。その動機も勇ましく「戦争を続ける東条英機を斃《たお》す」ためだったが、行ってみるとその団体の主張と肌身が合わず早々に退散した。このころの五高は修学年限が二年に短縮され、しかも勤労動員があって満足に勉強できる環境にはなかった。寮生活を続けるうちに東京の友人から手紙が来た。「知り合いの

五高時代の本田啓吉

団体が出している短歌雑誌の愛読者が五高の寮に一人いる」という。雑誌は政治団体「大東塾」内の「短歌維新の会」が発行している『ひむがし』で、影山正治（一九一〇～一九七九）、保田與重郎（一九一〇～一九八一）らが監修、全国の愛読者から寄せられた短歌も掲載されていた。そこで有馬は寮の掲示板に張り紙をし、その短歌誌の「購読者は私の部屋に来られたし」と呼びかけた。来たのが旧制鹿本中学（現熊本県山鹿市、県立鹿本高校）出身の本田啓吉（大正十三年生、現菊池市生）だった。本田は日本浪漫派の保田與重郎の著書を愛読し、寮の部屋には天照大神の肖像画を張り、朝方、東方に向かって「イヤサカ（弥栄＝万歳、神道関係で使われることが多い）」と大声を出す学生だった。寮で相部屋だった元熊本県知事の福島譲二は「純粋な男だな」と思っていたが、有馬は「オレと考え方が似ているのだろう」とすぐさま東光会に勧誘、加入が決まった。この時から有馬と本田の深くて長い付き合いが始まる。ただ本田は東光会活動にあまり熱心ではなかった。後年になって水俣病患者の支援運動「水俣病を告発する会」で大きな足跡を残すのだが、代名詞のように使った「義によって助太刀いたす」との文言は、東光会の鉄則に「義に当たりては一身を顧みず　必ず履《ふ》み行う可き事」と関係あるのか。有馬は「本田の性格そのものを表した言葉だったろう」との見方を示した。

昭和十九年七月、有馬や本田たちは長崎の三菱造船所へ勤労動員で行く。結局、五高で学んだのはこの一年三か月である。長崎に来て三か月後の十月、東光会の山荘から連絡があった。四元義隆が熊本に来るという。有馬は石田家の問題で萱嶋太郎と上京した折、先輩高橋為夫（昭和十八年九月卒、東大）の紹介で四元に会っていた。同じ鹿児島出身で血盟団事件を潜り抜けた心意気に共鳴、生涯の師と決めていた。本田を紹介するつもりで同道、すぐさま列車に飛び乗り、熊本市内の旅館で四元から御馳走になった。そして四元の話に驚いた。「もう日本は厳しい。これから終戦工作が必要になる」という。何をするのか分からなかったが、手伝うつもりだった。帰る間際になって二本の扇子に揮ごうをもらい、本田が「正念」、有馬は「大疑」の字を選んだ。後になって本田が水俣病患者を支援する運動の中で「義」を使ったのも、この「正念」に通じるものと得心した。

そして昭和二十年二月、五高卒業直前になって有馬は、四元の「終戦工作」が始まるので上京しようとしたところ召集令状が来て中国戦線に向かうことになった。終戦工作には加われなかったが、韓国の釜山で拾った日本の新聞紙面で内閣が変わり、終戦派の大臣が入閣したのを見て終戦工作が進んでいるのを予感した。

終戦は中国大源の雲城で知り昭和二十一年五月に帰国したが、有馬は中国で戦争の正体を見た。「アジアを解放する聖戦だというのに、軍人の悪業がまかり通り、日本の皇軍は西欧の列強にとって代わろうとしていた。中国人は私と同じアジアの民だった。共存共栄をはかるべきアジア諸国民に対する蔑視は白人の優越意識に追随した侵略戦争にほかならなかった」。この視点こそ有馬の柔軟性であろう。そしてこの時「日本は負ける」と確信したのである。

帰国後、有馬は直ちに京都に行き、その後京都大学法学部に入学するのだが、偶然にも京都に来た四元から紹介された下宿先が禅宗の臨済宗大徳寺だった。荷物を抱えて禅塾に行ってみると、いたのはなんと本田啓吉である。あまりの奇遇に驚いたが、聞けば本田は長崎から特甲幹（特別甲種幹部候補生）で召集、茨城県・水戸の陸軍航空通信学校に行き、そこで終戦を迎えていた。弟が出した京大文学部入学の願書で合格していたものの、父が外地で亡くなって学資で困り、大徳寺の塔頭にアルバイト替わりに住み込んでいたという。だから座禅やお経も身に付けていた。

有馬は昭和二十三年夏、そろそろ本格的に勉強をしなければと思案していた時、司法試験を受けるため捜していた「学問の師」が熊本県出身で元京大法学部教授の佐伯千仭《ちひろ》だった。弟子入りを希望して著書を読み、準備を進めた。佐伯は昭和八年に起きた京大教授、滝川幸辰《ゆきとき》罷免事件の「滝川事件」に関わって京都大学教官を抗議の辞任、再び復帰し、戦後は法学博士、弁護士として日本の司法学会に大きな足跡を残した。有馬は五高の先輩として、あるいはその剛直的な人柄に心酔した。言うならば四元義隆が死に方を教えてくれた「右の師」、佐伯が生き方を教えてくれた「左の師」になり、幅が広がったのである。昭和二十五年春、大学院に入ろうと父に相談したところ、事業に失敗していた父から「そんな金はない」と一蹴され慌てた。就職しようにも時期がズレている。困った末に熊本県山鹿市で高校教員をしていた本田啓吉に電話をする。「何か仕事はないか」と相談したところ、ほどなくして「県立第一高校が一般社会の教師を捜している」という。このころの教員採用は校長権限が強かったのであろう。当時の第一高校長は五高出身で後輩意識もあり、いわば口利きで採用が決まった。有馬はすぐに飛びつき列車で熊本へ向かった。途中の下関駅で朝になりホームの洗面所で顔を洗っていると横に立っていたのが四元義隆だ。そこへ新聞の号外が配られ、見ると「朝鮮戦争勃発」（昭和二十五年六月二五日）とあった。二人は配達員からわしづかみに奪い取って汽車の乗客に配って回った。熊本に来たものの泊る所がないので、本田の住む山鹿に向かい、そこから第一高校に通勤した。一か月後には熊本市内の病院に嫁いでいた先輩・幡掛正浩の姉の紹介で新しい下宿に移った。このときから有馬の戦後人生が始まる。

手探りの高校教師だったが、第一高校は有馬の過ごした五高時代の授業とはまるで違い、進学教育が求められた。このころ、熊本県内の高校でも組合活動の組織化が進み、第一高校でも高等学校教職員組合、いわゆる高教組結成の動きが進んでいた。各県の教育現場では文部省、県教委と組合側の対立が精鋭化、公務員の政治参加禁止や左派教職員のレッドパージ、教頭任命権の変更、教員免許の認定講習など矢継ぎ早の政策変更が続いていた。「教え子を再び戦場に送るな」のスローガンが生き生きとしていた時代である。有馬は職場討議を覗いてみるとはずみで代議員に推された。「オレは右翼だよ」と言ったが許容された。人材が少なかったのであろう。組合活動はどちらかといえば、東光会思想とは対立する側の動きである。長崎にいた先輩の鳥巣通明が文部省に引っ張られたのも、先生たちの組合活動が盛んになり、「教育を立て直す」とする政府、自民党の思惑に添った人選だった。その鳥巣と相対する組合活動の末端に立とうとしていた。だが、一旦その場に立つと有馬は突き進む。高教組結成の当初、方向性に異論が出た熊本の名門、済々黌高校に乗り込んで教員たちを説得、宇土高校を翻意させたこともある。そうした行動力が目にとまり昭和二十七年、熊本県高教組の規約起草委員会に選ばれた。高教組は翌年一月に正式発足、青年部をつくろうということになり、有馬はまたも部則作成委員会に入り、そのまま昭和二十九年度の青年部長に就任した。だから有馬に言わせると、「熊本県高教組の結成から軌道に乗せるまで全てに関わった」歴史の証言者である。当時のことを驚くほど記憶している。

この間、山鹿高校（元山鹿高等女学校、後に鹿本高校）にいた本田啓吉が「地域学習会」を始めていた。これは週一回、同僚の先生や生徒とともに社会科学系の書籍を読んで論評しあう読書会だったが、本田に対して「あれはアカだ」との噂が流れ、有馬の耳にも届いた。「アカ」と言えば共産主義思想のシンパをさす。この時代、地方での「アカ呼ばわり」は不本意なレッテルである。「本田をここで死なせるわけにはいかない」と判断した有馬は、丁度この時、第一高校の国語教師が退任することに着目、校長に直談判して本田の転校にこぎつけた。このあと本田は第一高校に二四年間も務める名物教師になるのだが、そのスタートにはこうした動きがあったのである。その本田も組合活動にのめりこみ、昭和三十一年には高教組の文化情宣部長に、次いで副委員長、書記長も務めるなど終生、熊本高教組の中核にいた。

有馬にとっては本田を東光会に誘った縁で熊本で高校教師になり、組合活動までするようになったが、二人の交遊はまだ続く。昭和三十三年、本田に長男が生まれた。「名前を付けてくれ」と頼まれ、有馬は尊敬する佐伯千仭をもじって長男に「千」の字を使った。そして、今度は有馬に長女が生まれたので本田に名付け親を依頼、これも「千」の字がついた。

昭和二十五年に第一高校へ来て以来十一年、この間日本を揺るがした安保闘争が終わり、総資本との対決と言われた三井三池争議も労働側の敗北で終焉、いずれもストライキやカンパ活動に情熱を傾けた有馬だったが、教育現場は受験競争のための学習の場としての性格が増々強化されていた。そんな時、本田に東京の親戚が経営する会社の後継者話が持ち上がり、「代わりに行ってくれ」と頼まれて二人で今後の人生をとことん話し合った。その結果、有馬が上京することになり高校教師を辞めた。「熊本の一一年間は私にとって貴重な経験だった」と有馬は懐かしむ。

昭和三十六年に上京、以来二〇年間を会社員として過ごしたが、一貫して日本史、明治維新の歴史を追い求めてきた。昭和四十一年には東京にいた東光会員を集め、神戸新聞の東京支社長をしていた原正(昭和十一年卒、東大)を責任者とする機関誌「東光」の復刊第一号を発刊、編集委員を務めた。この復刊第一号は東光会の始まりから振り返った貴重な資料で幡掛正浩は「これこそ東光会の歴史」と高く評価した。そして有馬は平成二十五年には『維新革命の法理』(高城書房)、二十九年には『世界史の話』(高城書房)を出版。明治維新から第二次世界大戦を通じた日本の変革の在り方を縦横無尽に論じた。その中で、天皇崇拝が顕著だった東光会員の立場から抜け出すような独特の天皇観を披瀝しているのが興味深い。「終戦の御聖断では日本民族を一億玉砕の淵から救出された。天皇制が滅びても日本国人民が生き延びることこそ天皇の祈りであったろう。だが、政府、軍部は天皇を神聖君主にして日本を侵略戦争に駆り立てた。そのことに於いて天皇の戦争責任は免れない」。

著書の最後で有馬は「雑感　二題」と題した心情を寄せている。

［異端の志］　異端でありたいと願うのではなく、正気でありたいと願うのである。正気とは道理に遵う心であり、真実を大切にする心である。正気であることが異端であるというのなら、仕方がない。異端も已むを得ないと覚悟するまでである。

［憤怒］　教育の場に教育がなく、政治の場に政治がない。道義を説く人に道義がなく、革命を説く人に革命がない。民主主義の社会に民主主義がなく、平和主義の社会に平和がない。虚偽に対して憤怒を覚えるのは正気の働きであって性別・年齢に関わりのないものである。だが、憤怒するものが若者の未熟であり、妥協するのが大人の狡猾であるというのなら、私は、勿論、若者の未熟をとる。

水俣病患者支援、「義によって助太刀いたす」

本田啓吉はどうなったか。現代国語、古典、漢文を教える教室では常に温厚、篤実な教師となり、生徒の誰からも慕われた。熊本市内の歌声喫茶にはいつも本田の姿があり、時として教室や宴会で古事記の一文を読み上げた。朗々と謳いあげる姿は本田のトレードマークにもなった。

「倭《やまと》は国のまほろば　たたなづく　青垣　山陰《ごも》れる　倭《やまと》しうるはし……」

同僚、生徒たちは長く本田のこの音律を覚えていたというから相当に印象の深い先生だったのだろう。教師の傍らには新日本文学会熊本支部の機関誌「新熊本文芸」に参加、熊本で活動していた評論家の渡辺京二に誘われて「炎の眼の会」に詩歌などを発表する一面もあった。

そんな本田に転機が訪れる。熊本県水俣市で発生した「水俣病」で患者と原因企業チッソの補償交渉がもつれ、現地で支援活動をしていた『苦海浄土』の著者石牟礼道子から渡辺京二に支援要請が来た。「裁判になる、熊本で応援団を作ってほしい」。昭和四十四年四月、「水俣病を告発する会」が発足、渡辺と親交のあった本田が代表になる。このときから本田は一途に患者支援闘争に突き進む。二か月後、患者たちはチッソを相手に慰謝料を求めて熊本地裁に提訴した。この時の報告会で本田が決意を述べる。それが「義によって助太刀いたす」である。機関誌・水俣病支援ニュース「告発」が発行され、本田の自宅が発行所になった。「敵が目の前にいてもたたかわない者は、もともとたたかうつもりはなかった者である。そんならもう従順に体制の下僕か仔羊になるがよい」とする本田のアピールのなんとあふれる正義感か。厚生省に押しかけて正門前に座り込み、門扉によじ登っては拡声器で呼びかけた。「君たちは遠い水俣で起きていることを知っているか‼ そのことを訴えに来たのだ、門を開けなさい‼」。一株株主になってチッソを追及、自主交渉派を支援するなど常に患者サイドに立った支援を続けた。チッソからすれば手ごわい、やっかいな相手だったろう。周囲があきれるほどの多忙な日々が続いたが、責任感の強さがここにも見られ、高校の授業を一度も休んだことがなかった。

昭和四十八年、裁判は勝訴し、機関紙「告発」は四九号で終刊、新たに「患者とともに〝水俣〟」

の発刊が始まった。現地には「水俣病センター・相思社」が設立され、いまも活動が続いているが、本田が怒っていた水俣病問題は完全解決に程遠いのが現状だ。

昭和五十二年、本田は、二十四年間いた第一高校を離れて熊本市の近郊、県立御船高校に異動、昭和五十九年まで勤めて五十九歳で退職した。組合活動から水俣病患者支援まで常に国家権力、体制側と戦い続けた人生だった。この年、『熊本高教組の30年』と題する組合史が発行され、その「編集後記」を本田が書いた。これがまた実に本田らしい。「こうした組合史は往々にして運動の批判が少なく、抽象的な言葉を多用して仲間ぼめになりやすい。だからこの組合史は事実の記録と年表、解説という体裁をとった。運動の評価は後世にまかせたい」。また、後年、雑誌の座談会で東光会など右派思想に浸っていたことに関連して述べている。「戦時中に保田與重郎に心酔していたこと、戦後、教師になって教員組合の仕事をしたこととは全然矛盾しないのです」。「義」によって生きることがベースになっていたためであろう。

平成十八年四月十三日、肺炎のため熊本市内の病院で死去、享年八十一。平成十九年、四六四頁にも上る『本田啓吉先生遺稿・追悼文集』が発行された。

公正取引委員会と日本共産党

有馬が本田を誘った一年後の昭和十九年、今度は五高の習学寮に入ってきた宮崎県出身の萱嶋太

萱嶋太郎（平成29年、宮崎県高鍋町の自宅で）

郎（昭和二十二年卒、東大）がこれまた有馬に誘われて東光会に入った。萱嶋もまた破天荒な人生を送ってきた。曲がったことが嫌いで、権力の匂いがするととことん楯突くタイプである。

終戦間際に熊本第六師団の留守師団長を務めた萱嶋の父は、若い時分から日本国内や中国の部隊居留地を点々とし、家族はついて回った。朝鮮、中国・天津、東京、金沢、大分。天津では盧溝橋事件に遭遇、続く通州事件では父親が不在で銃弾が自宅に飛び込んできたこともある不穏な日々を過ごした。幼少時に転校が多いことを心配した両親の教育的配慮で旧制中学は東京の高等師範（現・筑波大学）付属中学に入学、佐賀県出身の英語教師に薦められて昭和十九年四月、五高へ入った。入ったものの御多分に漏れずすぐさま召集、熊本の野砲兵第六連隊で兵役に就いた。だから東光会員としての活動に浸る間もなく、山荘で先輩の口伝に影響を受けることのほうが多かった。有馬に伴って石田家救済の資金集めに上京、四元義隆に会って心酔したのも有馬と同じで、終生の恩師となる。東光会が人脈形成の貴重な時期になったのはいうまでもない。

昭和二十二年に復学して五高を卒業、戦後の混乱を避けるため父の故郷・宮崎県高鍋町に移って受験勉強し、二週間ほどの詰め込みで東大法学部に合格した。ところが宮崎市長に就任するはずだった父親が公職追放で無一文になり、途方に暮れた。東京での生活費と学資をねん出するため、知り合いの農家から切干ダイコンを一キロ四円で手に入れ、麻袋に二〇キロ入れて汽車に乗り込んだ。乗客からは「くさい臭い」と文句を言われたが、仕方がない。叔母の家に転がり込み、その切干ダイコンを一キロ一六円で近くの八百屋に売り払ったものの、店頭で見た値段は一キロ四〇円だった。不条理なこの経験が萱嶋の正義感を大きく揺さぶる。

東大に在学した昭和二十五年ごろといえば、勉強どころではなく、アルバイトに追われる毎日が続く。古本屋、生命保険の勧誘員、焼鳥屋、家庭教師、進駐軍のガードマン、タイピストなどなんでもやった。この間に受けた国家公務員の上級職試験に合格、卒業後は公正取引委員会に就職が決まったのだから、人生経験も無駄ではなかった。「娑婆をたくさん見てきた」ことは「社会の公正を求める」公取委の仕事に役立ったし、自分の性格にも合致した。高校教師を辞めて上京してきた有馬ともよく会い、東光会の綱領書き変え事件で幡掛正浩から破門になっていた長沢亮太（昭和十九年九月卒、東大）や保坂哲哉（昭和二十年卒、京大〜東大）も訪ねてきた。東光会人脈は東京でも生きてくる。

不正を見逃すことを嫌う日々の中で、あるとき繊維業界大手の価格カルテルを通産省の現役局長が指導している疑惑をつかんだ。公取委としても事態を憂慮、萱嶋は私淑している四元義隆の事務所へこっそり出向いて対策を相談、ほどなく大手新聞に当の局長の指導力を問う記事が掲載されてその局長は更迭された。価格カルテルもつぶれた。四元が新聞記者に手を回してなんらかの策を講じたのは間違いなかった。このころの萱嶋は水を得た魚のように活躍したが、昭和三十四年ごろになると公取委の上部で大手企業の独禁法違反や独占企業の価格カルテルの摘発に消極的な姿勢が目に付くようになった。日本の高度成長が始まったころである。こんなこともあった。新聞販売店の景品付き勧誘で家宅捜索をしたまでは良かったが、大手新聞社が購読料の協調値上げをみせたことに対して発行本社へ調査に入ろうとしたところ、大蔵官僚から公取委の委員長になった人物が幹部会で「新聞社は問題にしない」とこれまた気乗り薄の発言をしたため、「消費者の利益に反している」とついに堪忍袋の緒が切れ、公取委を辞めた。東光会で培った萱嶋らしい直情的な行動である。

公取委を辞めた後、自民党の椎名悦三郎が官房長官時代に設立した「ジャパン・ニュース・センター（JNC）」を紹介され、外信部次長に就いた。所長は共同通信の官邸番記者をしていた人物だった。大学時代に進駐軍で磨いた英語力が生かされ、世界の主要通信社から送られてくる最新ニュースを取りまとめては内閣官房に配信する業務で、いわば政府の「耳」になる組織だった。給料も高く、仕事も面白かったが、突然に労使紛争が起こり、あっという間に閉鎖された。

次いで日本貿易振興会（ジェトロ）での翻訳活動や拓殖大学での留学生寮建設、国際協力事務所を経て、昭和四十一年、石油連盟に足掛かりを得た。ここには定年退職するまで約一五年いたが、中東問題調査会や石油資源開拓、アラブ諸国の政治状況視察、世界石油会議への出席など四大陸、四十数か国に出張し、まさに世界を股にかけての仕事が続いた。萱嶋の人生で一番充実した日々だったと言えよう。

退職後はあっさりと東京生活を捨てて故郷に帰ったが、ここから再び萱嶋の反骨精神が頭をもたげてくる。平成六年、時の細川連立政権は自民党との協議を経て政治改革基本法を成立させた。いまの衆議院小選挙区制度の始まりである。これに対して「この制度改正では革新系の政党、政治家は当選できず、保守系政党の大政翼賛政治が出現する」として国を相手に宮崎地方裁判所へ異議申し立ての裁判を起こしたのである。ここからの行動は傍から見れば実に一本気で愚直だが、萱嶋は一心に取り組む。ワゴン車にマイク、幟《のぼり》を載せて車中泊の全国遊説に出る。九州、四国、山陰、東北、北陸と回ったのである。これが六十七歳のころだからあきれた行動力だ。裁判では一審から最高裁まで棄却されたが、その後の選挙結果を見れば、いま自民党の一強体制が出現しており、萱嶋の指摘もあながち的外れではなかった。

この提訴から二年後の平成八年、今度は自衛隊がイスラエルとイランの紛争地帯に派遣した「ゴラン高原PKO派遣」がこれも憲法違反だとして提訴、裁判では負けたが、一貫して「憲法九条に違反している」と訴えた。自衛隊の海外派兵はいまも物議を醸しており、萱嶋の先見の明は確かだ。徹底した平和主義に「戦争に金や人を注ぎ込むのは無駄だ。教育をファシズムに逆転してはだめだ」。九十歳を超えたいまも選挙制度などで警鐘を鳴らし続け、地元の文化団体誌に戦争体験を書き続けている。東光会時代を振り返り「あんなに伸びやかな青春はなかった」と往時を懐かしんだ。著書に『政治革命』（日本図書刊行会）がある。

萱嶋に負けじと別の角度から平和主義を訴えてきたのは福岡市にいる堤康弘（昭和十七年九月卒、九大）であろう。東光会OBの誰もが驚く「日本共産党福岡県平和委員会会長」を歴任したこともある生粋の党員である。マルクス主義、社会主義思想に対抗する団体として誕生した東光会の主旨と、日本共産党の歴史は確実に相対する。どのような経緯があったのか。

堤は大正十一年、福岡県八女郡の生まれで、旧制八女中学の出身である。中学一年のとき二・二六事件が学校で話題になり、実弾射撃訓練や軍人勅諭を覚えさせられ思春期のころは軍国主義一色の時代だった。皇室制度にかすかな疑問を覚えた時期もあったが、先生は天皇陛下を現人神と呼び、無条件で信じ込むことを教えた。中学五年のとき五高主催の中等学校弁論大会に出場、満州で行われている「五族協和」の国家建設に感銘を受けて、演題を「愛の日本文化建設」とし優勝。五高の雰囲気にあこがれて受験し、合格した。五高の習学寮で愛媛県出身の河野寿雄（東大、のち裁判官）と同室になり、東光会に誘われた。立田山の山荘に通ううち座禅に興味を覚え楽しみになった。会誌「東光」には会員に向かって「唯の一度でもいい、本当の虫の音を聞いてみよう。もう全生命を以て、ぶつかって行ってもいいころだ。本当の日本人になろう」と呼びかけ、皇位継承の正当性を著した『神皇正統紀《じんのうしょうとうき》』を三回読んだ感想文も寄せている。東光会の活動日誌には満州から一時帰国した中村寧（大正十五年卒、京大）に国際情勢を聞いた話や、顧問の高森良人教授を訪れた経緯、東光会の夏季合宿に参加したことなど、堤も結構東光会活動に励んでいたことが記されている。

卒業は半年繰り上げの昭和十七年九月。東大を受けて失敗し、九大の法学部に入った。在学中の昭和十九年三月に召集され、出向いたのは満州の教育隊だった。赴任中、南下する日本の大部隊とすれちがったが、これが南方戦線のサイパンに行く部隊である。満州にいた日本人が根こそぎ動員され「案山子《かかし》の関東軍」といわれたころの中国戦線だった。半年後、今度は北九州の高射砲部隊に小隊長で異動した。二十歳過ぎの青年を幹部にするほど日本軍の兵力不足は明らかだった。米軍のB29爆撃機が飛んでくると地上から迎え撃つが当たるはずがない。あるときB29の爆弾の落下が視界に入り「死んだ」と思ったが、当たったのは高射砲の砲身で命拾いした。

戦争に負けて九大に復学、そこに「労働者独裁論」を唱える教師が帰ってきて「レーニンの唯物論」に出会う。天皇制の矛盾に気づかされ、この時、東光会思想と決別した。「五高時代、あまり東光会思想に染まらなかった」のが影響したのだろう。卒業後、九大時代の勉強不足を痛感し、いったん帰郷して政治学を独学していたところ大地主制度を解体する「農地解放」政策に出会う。ここから堤の戦後人生が始まる。郷里の青年たちが「農地解放とはなんぞや」と勉強会をしていた。法学部出身の堤に教えてくれと頼まれたが、知識は皆無。丁度そのころ共産党の機関紙「赤旗」が二ページの解説版を配っていた。これを使って勉強会を開くうちに国内各地で労働組合が結成され、ストライキも頻発しているのを知った。昭和二十二年のゼネスト中止をラジオ放送で知り、「このまま田舎にいるわけにはいかない」と福岡市内に出てきて友人から紹介されたのが在日朝鮮人向けの「世紀新聞」。ここで記者をするうち、「共産党に目をつけられたのだろうな」と誘われて「アカハタ新聞九州総局」の記者になり、入党したのは昭和二十三年。

当時の共産党員への社会の風圧はすさまじく、公安、警察の監視の眼も厳しかった。生活資金もカンパに頼り、貧乏続き、「よくぞ生き延びた」と振り返った。五高、東光会の友人たちは学者、弁護士、医者、経営者と社会的にも安定した戦後生活を送っていたが、信念に生きた堤に悔いはなかった。党では安保廃棄福岡県実行委員会事務局長など主に文化活動を歴任、党の福岡県名誉役員、日本民主主義文学会会員も務めている。いま天皇制をどう見ているのか。「皇室制度はいまのままでいい、ただ、政治利用をされないよう国民の監視が必要だ」。I―第一章で紹介した横井小楠の研究家、堤克彦（熊本県在住）は実弟。高齢で目が不自由になったが、各地からの講演依頼は続く。平成二十六年には自伝的小説『青い日々』（日本民主主義文学会福岡支部）を出版した。

第四章　五高・東光会を忘れてはならない

昭和二十五年三月、旧制高校制度はＧＨＱ（連合国軍最高司令部）や文部省による学制改革でその使命を終えた。五高も明治二十年以来の校史に幕を閉じた。必然的に東光会も消滅、最後の会員は昭和二十四年卒業の興梠勉と隅田哲司（広島県出身、広島文理大卒）となった。戦後の混乱で先輩たちと連絡の取りようもなく、解散式もない終わり方だった。昭和三十年代初めまで東光会員の消息も全く分からなかったが、昭和三十六年、熊本の高校教諭を辞めて上京した有馬東洋男が東京にいた東光会員に呼びかけて〝同窓会〟をやることになった。昭和四十年十一月、小石川の中華料理屋・若渓会館にはまず元五高教授で東光会顧問をしてくれた高森良人が姿を見せた。高森は当時熊本県出身の学生たちを寮住まいさせる有斐《ゆうひ》学舎の舎監をしていた。次いでＯＢ会員として江藤夏雄、中村寧、今吉均、鰺坂貞成、幡掛正浩など一六人。期せずして話に出たのは会誌「東光」の復刊だった。この取り組みが戦後東光会活動の第一歩になった。神戸新聞の東京支社長原正を責任者に、神社新報の西田廣義、石油連盟にいた萱嶋太郎、それに有馬東洋男が編集委員となった。会員連絡には住所がいる。そこで有馬が五高の同窓会名簿を手掛かりに思いつくだけの住所録を作成、郵送した。

第五高等学校の校章

そして「知っている会員住所があったら連絡してほしい」と付け加えた。続々と返事があり、昭和四十一年に出来たのが「東光復刊第一号」である。

「綱領」を真っ先に掲げ、「鉄則」「会の歌」のあと元顧問の鈴木登が昭和十七年の『創立20周年記念号』に書いた「東光会の生まれたころ」を再掲、江藤夏雄や納富貞雄、幡掛正浩、有馬東洋男ら一二人が東光会の歴史と自分の思いを語り、会員七人の消息と石田家のその後を掲載した。会員名簿では五四人が死亡、三一人が不明になっており、ここにも戦争の影響が色濃く残っている。東光会を語るとき、この復刊第一号と昭和十七年の『創立20周年記念号』は欠かせない資料になっている。

記念碑建立

当時、復刊第二号の編集も話題になっていたが、取りまとめの人物が見当たらず、立ち消えになった。その後、東光会が活動を再開するのは昭和五十四年になってからである。この年、納富貞雄

東光会記念碑の除幕式当日
(昭和 55 年 5 月 5 日)

熊本市の立田山、山荘前に立つ東光会記念碑

が久しぶりに山荘を訪れたところ、熊本大学裏手の立田山一帯にいろんな記念碑が建っている。「龍南回顧の碑」「五高の森記念碑」「徳永直文学碑」。これらを見て「東光会のも欲しい」と思っていたところへ山荘の所有者、石田正治（東光会特別会員）から敷地提供の話が出て計画はトントン拍子に進んだ。場所は文字通り山荘の真ん前。石田にすれば東光会の学生、ＯＢたちからは二度に渡って石田家が助けてもらった恩義があり、しかも旧制熊本中学時代の恩師は納富貞雄だった因縁もあったので、いつの日にか恩返しをしたいと思っていたのである。納富がすぐさま会員に記念碑建立の趣意書を回したところ続々と賛同する声が寄せられ、直ちに建設発起人会を設立、募金を呼び掛けた。募金目標は五〇〇万円、完成除幕式を五高創立一〇〇周年記念式の日に合わせて昭和五十五年五月五日と決めた。

地元熊本の世話人を医師の内尾太郎が務めた。内尾は納富や地主の石田、熊本市長をしていた星子敏雄と細かい打ち合わせをする一方、石材店や東光会顧問だった高森良人に依頼して記念碑の形や文言を練った。募金は順調に集まり、最終的には一五〇〇万円にも上った。台形型の記念碑には表に高森の漢詩「東光会山荘回顧」、裏側に徳富蘇峰に書いてもらった東光会の綱領と鉄則を書体のまま刻み込んだ。そして記念碑の背後に綱領と漢詩の訳文を看板形式に建てた。

以下、高森の漢詩である（下段は読み方）。

記念碑建立で熊本の世話役を務めた内尾太郎（平成29年5月）

東光会山荘回顧

輯睦八俊癸亥年　輯睦《しゅうぼく》す八俊癸亥《きがい》の年
青春孰不望真詮　青春孰《たれ》か真詮《しんせん》を望まざらんや
倶謀欲講陽明學　倶《とも》に謀りて講ぜんと欲す陽明学
齋議期為良知賢　齋《ひと》しく議して為《た》らんと期す良知の賢
旦夕山荘孜自主　旦夕《たんせき》山荘にて自主に孜《つと》め
時招名世浴淵泉　時に名世を招いて淵泉に浴す
規箴在裏蘇翁筆　規箴《きしん》裏に在り蘇峯の筆
後進刊碑豈偶然　後進碑に刊す豈《あに》偶然ならんや

庚申首春　八七叟楠軒　撰書

〈註〉輯睦《しゅうぼく》＝沢山の人が集まって睦まじくする／八俊＝八人の優れた学生。江藤夏雄、納富貞雄、中村寧、平尾正民、星子敏雄、小柳芳孝、篠原智雄、廣瀬正雄／癸亥《きがい》＝みずのとい、大正十二年（東光会発足の年）／真詮《しんせん》＝真のさとり／名世＝世に名が顕れた人。大川周明、安岡正篤、満川亀太郎を指す／旦夕《たんせき》＝朝夕／淵泉＝深い泉、高い人格識見を意味する／規箴《きしん》＝正し、戒める。東光会綱領、鉄則を指す／庚申＝かのえさる、昭和五十五年／楠軒＝顧問高森良人の号

記念碑除幕式の前夜、熊本市内の交通センターホテルで懇親会が開かれた。恩師の高森良人も

東光会記念碑除幕式の前夜祭。高森良人顧問（左から二人目）と星子敏雄（同四人目）。
後方に徳富蘇峰の綱領掛け軸

東光会記念碑除幕式前夜祭で破門が解けて握手する幡掛正浩(左端)と長沢亮太。左から二人目は上野喜久男、右端は高橋為夫

八十七歳の身を押して東京から駆け付けた。それぞれが山荘にいた当時の生活の模様や知られざる秘話、終戦前後の思い出など時間をオーバーして語りあった。既に老境に入っている会員が多く、青春の東光会時代を懐かしんだ。その中で、あの東光会綱領書き変え事件で幡掛正浩から「破門」を言い渡された長沢亮太が、「東光を貫く」としてその後の人生を語り、出席者に感銘を与えた。幡掛は「お前は生涯かけてこの綱領を行動せい、その行動を俺は死ぬまで見守る」と言い放ち厳命したのである。それを受けて長沢は「この綱領に命をかける」と決意した。それから鹿児島の霧島神宮に行って四日間断食、自分を問い直した。第一回の学徒出陣で中国を転戦、敗戦で帰国後は東大文学部を卒業して厚生省に入った。のちに建設省に移り、ここから長沢の本格的な東光人的生き方が始まる。「生き残った青春を国のため、アジアのため、世界人類のために捧げる」として「産業開発青年隊」の創設に走り回る。吉田松陰の松下村塾を模した学校にしたかった。富士山麓に作った施設では昭和五十五年に退官するまで一万数千人の青年が学び、国土開発青年隊、社会開発青年隊、海洋開発青年隊として活動を展開した。退官二年後には産業開

記念碑建立を呼び掛けた納富貞雄（平成３年７月）

発青年技術協会の理事長に就任、アジア地域や南米に青年隊を派遣するまでに発展した。それもこれも東光会精神を追い求めてきた結果だと言う。見事な求道心である。そして幡掛を前にして「これで破門を解いてもらえますか」とやって万来の拍手を受けたのである。

翌日の除幕式は頃良い五月《さつき》の天気で全国から駆け付けた会員三〇人が参列。型どおりの神事と式典行事を行い、納富貞雄が得意の漢学をもとに「（広瀬）淡窓先生を偲ぶ」と題して記念講演を行った。山荘前の広場に敷き詰めたゴザの上で酒を酌み交わし、東光会歌を歌って往時を偲んだ。出席できなかった会員にも東光会記念碑を形どった有田焼の文鎮と、かつて山荘で世話にあたった小崎久子の長男・小崎侃《かん》製作の版画「東光会立田山荘」を配った。この時の模様は納富貞雄によって詳細に記録されている。東光会に関しては昭和六十二年十一月に納富が出したＡ５判六枚の「東光消息」が最後になった。

東光会記念碑の完成を祝った版画家・小崎侃による
「東光会立田山荘」（昭和 55 年 5 月 5 日）

東光会　会員名簿

昭和11年8月の「東光」第1号調査が基本。続刊の会誌「東光」から追加し、「会員遺稿集」などで補充した。上から卒業年度（大正、昭和）、○印は山荘住まい、氏名、出身県、専攻（文甲は第一外国語が英語、乙は第一外国語が独語、理甲は工学系、理乙は医学系）、大学・主な職業、経歴、（不明な点は省略）

（顧問）　高森良人　熊本　第五高等学校教授　肥後奨学会理事

（顧問）　鈴木　登　岐阜　第五高等学校教授

大14〇　江藤夏雄　佐賀　文甲　京大経　満州国文書課長、興亜院総裁秘書、華北交通総務部長、日本自由党候補総選挙初当選、公職追放、総選挙次点も繰り上げ当選、中央電気通信建設会長、内外経済調査室

大14　太田三郎　東京　文甲　外務省東亜局、ロシア大使館二等書記官、外務省欧亜局第三課長、敗戦・降伏調印ミズーリ号へ重光葵と同行、第16代横須賀市長、ビルマ、ポーランド、オーストリア大使

大14〇　小柳芳孝　広島　文甲　東大文　東京日日新聞

大14　榊原祐治　愛知　文甲

大14〇　篠原智雄　山口　文甲　京大文　在学中死亡

大14　新開長英《ながふさ》　福岡　文甲　九大法文　広島高校兼九大教授、神宮皇學館大學教授、福岡県中央児童相談所長

大14　高橋道雄　熊本　文甲　京大文　天理外語教授

大14　中村　享　熊本　文甲　満州国民政部拓政部、満州国協和会中央本部、熊本家庭裁判所主席調査官

大14　永木廣次　兵庫　文甲　東大農　大同生命保険会社、日本燃寸工業会理事長

大14〇　平尾正民　高知　文甲　東大経　在学中死亡

大14　星子敏雄　熊本　文甲　東大法　関東庁警務局保安課、満州国・民政部警務司総務科長、警務総局長、終戦～ソ連に抑留、帰国後熊本市助役、市長

大14　大鐘義孝　福岡　文乙　東京建物㈱京城支店長代理、伊藤産業、防衛庁参与

大14　久米定男　香川　文乙　東大法東京市電気局労働課、八幡溶接棒㈱社長、太平起業KK

大14　首藤　謙　福岡　文乙　銘酒有薫醸造・合成清酒

大14◯　納富貞雄　佐賀　文乙　東大文　旧制熊本中学教諭、県立玉名中、下関中、徳山中、山口県視学官、伊万里ガス

大15　衛藤　浩　大分　文甲　東大法　在学中死亡

大15◯　圓佛末吉　福岡　文甲　東大法　圓佛産業、大牟田信金理事長、大牟田工業高校理事長、大牟田市長2期、勲四等瑞宝章

大15　岡　嘉久　高知　文甲　東大文

大15　駒田錦一　東京　文甲　東大哲学　文部省社会教育局、熊本薬専生徒主事兼教授、岡山医大学生課主事、九大教育学部長、大阪大教授、東京都社会教育委員会議議長、全国社会教育連絡協議会会長

大15　曽我孝之　熊本　文甲　東大文　北海道帝大予科教授、蒙彊張家口興亜院蒙彊連絡部文化部、大学教授

大15　竹尾隆象　熊本　文甲　石鹸製造業、竹尾坑木㈱社長

大15　平木茂市　滋賀　文甲

大15○廣瀬正雄　大分　文甲　東大中退〜九大法　郵政省入省、日田郵便局長、熊本逓信講習所長、日田市長3期、衆議院議員10期、郵政大臣

大15　正木　正　熊本　文甲　東大文　教育心理学者、浪速高校教授、東北大教授、京都大教授

大15　皆川吾郎　茨城　文甲　東大法　東京市役所商工課、弁護士

大15○宮川　渉　福岡　文甲　東大文　在学中死亡

大15○　宮本正記　熊本　文甲　足尾鉱業所、満州・満炭阜新鉱業所労務課長、松山家裁主席調査官

大15　柿添久夫　福岡　文乙　東大法　在学中死亡

大15○　高宮　稔　宮崎　文乙　満州国・熱河省公署、清源県公署副県長

大15○　中村　寧　高知　文乙　京大法　満州国・政府監察院監察官、満州国協和会、新京中央職員訓練所長、日本予防医学協会参与

※伊東六十次郎著『アジア復興の実践者・中村寧小伝』『中村寧追憶集』

大15　高見　稔　福岡　文甲　神戸川崎造船所造船部設計課、川崎重工造船設計部第一設計課、海上保安庁船舶技術部

昭2　岩崎継生　熊本　文甲　満州国・文教部学務部普通教育課、東洋語専教授、熊本美容専門学校校主

※著書『蒙古案内記附大同石仏案内記』

昭2　中村岩次郎　福岡　文甲　満州国・華北産業公司、熱河鉱業会社、天津市旧英租界太沽路先農公司、福岡県大和町長、福岡県議会議員、柳川市に顕彰碑
※愚満抄・中村岩次郎遺稿集

昭2　藤井八郎　熊本　文甲　京大法　阪神築港㈱総務課長、東洋建設㈱社長

昭2　今吉　均　大分　文乙　東大法　満州国・自治指導部、民生部、協和会、黒河省文書科長、国龍江省公署警務庁長、警務総局警務処長、ソ連抑留～中国撫順戦犯管理所、帰国後共栄開発㈱

昭2　野口芳博　宮崎　文乙　東洋観光商事嘱託

昭2　野本成一　福岡　文乙　九大法　九州電気軌道会社、西日本鉄道会社、西鉄地所社長

昭2○　日高実雄　鹿児島　文乙　京大法　朝鮮銀行奉天支店、満州興業銀行、共栄開発㈱名古屋営業所

昭2○　藤本智重　香川　文乙　東大文　大倉精神文化研究所、立大講師、上海興亜院文化局第一室、福岡学芸大学教授

昭2○　松尾信行　熊本　文乙　京大法　大毎（毎日新聞）神戸支局、東亜海運上海支店、東京湾フェリー㈱取締役営業部長

昭2　宮島真一　熊本　文乙　東大文　文部省思想局調査課、広島高専、熊本短大教授

昭3○　稲津宗雄　長崎　文甲　東北大法　満州電業株式会社人事課次長、富士海運倉庫㈱
※満州電業安東支社長時代の回想録「望郷」。ソ連兵から女性の身を守る「お町さん」を描く。お町さんは八路軍に銃殺。

昭3○　皆川剛六　茨城　文甲　静岡県史編纂主事補、（旧）愛知県立西尾中学校教諭

昭3　守田　龜　熊本　文甲　東大法　滋賀県総務部、ヘンミ産業㈱取締役

昭3　石橋萬壽男　福岡　文甲

昭3　坂本一郎　兵庫　文乙　京大法　新義州地方院検事、京城地方院検事兼京城保護観察所補導官、京都地検検事、弁護士

昭3　宮川　享　福岡　理甲

昭3○　村田朔郎　佐賀　理甲　農林省農務局農産課、企画院技師、特産課長

昭4　荒木　巌　熊本　文甲　満州国・県副参事官奉職中死亡

昭4　大塚久敏　熊本　文甲　京大文　官報販売所経営

※百紅亭遺韻『大塚久敏の遺稿と追憶』

昭4　坂田勝郎　宮崎　文甲　東大法　大毎（毎日新聞）編集局、同バンコク支局長、広島支局長、毎日放送社長、会長

昭4○　武尾健蔵　熊本　文甲　朝鮮総督府平安南道疔学務課長

同4　福田富貴夫　長崎　文甲　東大文　長崎県立長崎高等女学校、佐世保南高校長

昭4○　溝口嘉夫　長崎　文甲　東大法　満州国・ハルビン検察庁検事、濱江省総務庁調査課、ソ連抑留〜撫順戦犯管理所、帰国後参議院法制局、少年院院長
※「撫順の奇跡を受け継ぐ会」『帰ってきた戦犯たちの後半生』に詳細

昭4　田川博明　熊本　文乙　京大　満州国・協和会中央本部企画局、南嶺大同学院研究所、田川電気研究所社長

昭5○　鰺坂貞成　鹿児島　文甲　京大法　朝鮮総督府歩兵第38連隊補充隊付、京城府学務課、京城総督府物価調査課、東邦生命青山支部

昭5○　脇山良雄　長崎　文乙　京大法　山西省北支派遣軍平田部隊、台湾永友隊池田隊、基隆市外金爪石台湾捕虜収容所第一分所、宇宙書房（長崎）

昭6　中尾研作　福岡　文甲　東大経　三菱鉱業㈱筑豊鉱業所、堺化学工業会社、菱和不動産㈱務専務、創和多摩開発社長

昭6○　鍋島綱利　佐賀　文甲　東大法　住友電線製造所、住友務電気工業㈱社長

昭6　西岡光彦　佐賀　文甲　京大法　在学中死亡

昭6　渕上雄二　鹿児島　文甲　京大法　満州国・大同学院、熱河省承徳協和会事務所、吉林省敦化県城協和会県本部、浜江省警務庁、ソ連抑留、熊本家裁、京都家裁主席調査官

昭6　掘光之助　熊本　文甲　京大文　東京劇場内東宝事務所、熊本県天草中学、熊本県教育庁、尚絅短期大学教授

昭6○　村上満男　熊本　文甲　満州国・大同学院、営口税関税務科、新京南嶺財務部職員訓練所、戦死

昭6　矢次　仁　長崎　文甲　大毎（毎日新聞）熊本支局

昭6○　山口晃一（担名一郎）　鹿児島　文甲　京大経　東京紡績株式会社人事課

昭6　牧野廣生　福岡　理甲

昭6　高橋時中　熊本　文甲　京大経　横浜正金銀行大連支店、東京銀行米国駐在、東京加州銀行頭取、ブラジル・ミナスジエライス製鉄所取締役、ブラジル大同工業社長、日本ウジミナス副社長、大同通商副社長

昭6◯　鳥巣通明　長崎　文甲　東大文　浪速高校教授、陸軍予科士官学校教授、国士館大、東大講師、文部省初中局視学官、長崎県立女子短大学長
※著書『戀闕《れんけつ》』『明治維新と志々』

昭6◯　大竹正巳　長崎　文乙　日本アルミニウム会社、とらすし経営

昭6◯　八並龍太郎　大分　文乙　東大経　満鉄調査部、上海市満鉄軍管理工場整理委員、日本通商㈱経理部長

昭6◯　吉峯徳之助　鹿児島　文乙　九大法　九大皇道会結成

昭6○　古藤信一郎　宮崎　理甲　金光教会、宮崎県庁

昭7○　城順次郎　大分　九大法　日本水産㈱冷凍部九州支社、日本水産広島出張所、東洋端子取締役、フジコントロール㈱社長

昭7○　田口健三　長崎　文乙　京大文　大分中学校、武蔵大学教授

昭7○　高田信一　長崎　文乙　京大文　満州国・大同学院、三江省樺川県公署、建国大学教授、長崎県庁、長崎県経済研究所所長

昭7○　福山卿太郎　鹿児島　文乙　九大　笠木良明事務所、串間市長

昭7　福田忠行　長崎　文乙　満州国・熱河省承徳顧問部

昭8　時枝栄太　大分　文甲　朝鮮銀行、大分県信用保証協会常務理事

昭8　江口貞治　福岡　文甲　九大法　神戸製鋼労務課、第一耐火煉瓦㈱社長

昭8　高橋通敏　熊本　文甲　東大法　外交官、外務省派遣ハイデルベルグ大学、講和条約
時の条約局長、スゥェーデン大使、外務省研修所長、アラブ大使、
国際問題研究所理事長

昭8○　播磨二郎　長崎　文甲　京大～九大法　大阪ストーカー鉱業㈱西部支店、戦死

昭9○　岩永一（泰岳）　長崎　文乙　東大文　中国で戦死

昭9○　幡掛正浩　福岡　文乙　京大文　内務省神社局、満州国治安部、佐世保海兵団、内閣
府、伊勢神宮教学司、同文教部長、同少宮司
※著書『食国《をすくに》天下《あめのした》のまつりこと』『神国の道理』

昭9○　播磨三郎　長崎　文乙　東大文～九大法　船具金物商

昭9○　宮本五郎　福岡　文乙　京大法　南満州鉄道

昭9○　今村　勇　鹿児島　理乙　京大医　北支除州同仁会診療防疫班、今村外科医院（大阪府生野区）

昭10○　中村主計　長崎　文乙　京大法　奉天南部部隊松下隊出征

昭10○　伊藤衛門　福岡　理乙　九大医　九大医泌尿器科、伊藤医院、水巻町長

昭10○　市原俊二　熊本　理乙　熊本医　熊本医大細菌学教室、満州国ハイラル大西部隊出征、大分県衛生研究所長

昭10○　栗山一八　佐賀　理乙　九大医　軍医、栗山内科医院

昭10　真鍋武利　福岡　理乙　北支田辺部隊石田部隊中野隊出征、酒造業

昭11　綱脇貞美　福岡　文甲　京大農　満州国・大同学院、熊本市13連隊、西部第16部隊通信隊、江南・長沙で戦死

昭11　古賀　烝《じょう》　福岡　文甲　九大法文　福岡税務署

昭11　原　正　福岡　文甲　東大文国史　東大文学部副手、浪速高校教授、公職追放、神戸新聞社入社、同取締役東京支社長、同取締役

昭12　三妙恒雄　大分　文乙　東大法　大和銀行

昭12　湯屋正己　東大文

昭12○　黒岩正憲　宮崎　文甲　京大農　台湾・高雄局経由海南島海口市海軍特務部、宮崎立川南高校

昭12　山野逸次　熊本　文甲　京大農　長野県八ケ岳青年団訓練所

昭12○　森　三十郎　福岡　文甲　九大法　拓務省、台湾応召、八幡大助教授、久留米大教授、福岡大学教授、森・国家学研究所主宰
※著書『憲法開眼』『天皇論考』

昭12○　鶴田義祐　長崎　文甲　九大法　満州国・牡丹江鉄道局文書科、福岡市住宅供給公社総務部長、福岡市生鮮食品公社取締役

昭12○　福井昌保　福岡　文甲　九大法文　麻生産業経理課長、麻生建設常務

昭12　前田慶一　大分　文甲　東大法　弁護士

昭12　長尾正業　福岡　理甲　九大医　日赤三猪診療所、長尾小児科院長

昭13○　田島辰義　佐賀　文甲　東大法　茨城県・大日本滑空工専内

昭13○　松山喬安　熊本　文甲　京大経　上海市華中水電会社、肥後銀行、熊本ヒューム管㈱

昭14○　愛甲芳喜　熊本　理乙　京大農　三重高校、三重大学教授、㈱日本技術開発センター顧問

昭14○　貞末卓爾　福岡　文甲　九大法文

昭14○　丸田喜太　熊本　理乙　長崎医大　軍医、丸田外科医院（宮崎市）

昭14○　金沢一郎　兵庫　文乙　京大法　北支派遣軍甲・649部隊塩見隊、近畿自転車競技会北支部長、同競技会西副会長

昭14　金森喜三郎　文乙　京大　敦賀歩兵119連隊ビルマ戦線、復員後高校教師

昭15　菊田捷二《しょうじ》　大阪　理乙　阪大医　済生会病院御所病院長

昭15　松岡　卓　文乙　東大法　在学中死亡

昭15○　西田廣義　福岡　文甲　京大　久留米陸軍予備士官学校志願隊、新京・関東軍司令部、神社新報社編集長

※著書『日本国憲法と靖国神社』『神道と憲法』

昭15　肘岡稔治　鹿児島　文乙　京大法　久留米陸軍予備士官学校志願隊、九州産業交通常務

昭15　長谷川　清　山口　文甲　京大法　日本炭鉱㈱

昭15○　瀬上安正　熊本　理甲　東大農　三菱商事、召集、北ボルネオ転勤、引き揚げ、永和商事創設、熊本県林業課、林業指導部長、熊本女子商高校教師

※遺稿集『樹間の花』

昭15　水谷武春　熊本　理乙　九大医　聖母慈愛病院長

昭15　吉成意之《もとゆき》　熊本　理乙　九大医　北支派遣桐第4272部隊出征、九大第一外科教室

※新止血剤、冷凍赤血球、血液凝固研究

昭15　林田建世　熊本　理乙　名大工　京都工芸繊維大学教授

昭15　賀部泰臣　文甲　京大経

昭16　井上義美　宮崎　文甲　京大法　在学中死亡

昭16　野村一彦　福岡　文甲　東大法　運輸省、福岡陸運局長、海上保安庁長官、原子力開発事業団理事長、㈶海事国際協力センター理事

昭16　釘宮嘉郎　大分　理乙　九大医

昭16　児玉和夫（仮名）　福岡　理乙　九大医　九大第一外科教室、同助手、医院開業

昭16　工藤昌男　福岡　文甲　東大文　戦時中死亡

昭16　牟田　実　福岡　文甲　京大経　日本鋼管造船監理部

昭16○　井上俊雄　文甲　東大法　大阪法務局民事行政部民事行政調査官

昭17　佐藤文治　大分　文甲　東大文　中部第132部隊飯田隊出征、東京都立江北高校校長

昭17　木庭　稔　熊本　文甲　京大法　三井物産、石油部総務部長、三井航空サービス顧問

昭17○　小宮栄吉　福岡　文甲　松島炭鉱㈱、サニー勤務

昭17　小松正和　熊本　文甲　東大文　中部第132部隊平島隊第三区隊出征、熊本尚絅高校教諭

昭17　細川清春　岡山　文甲　京大法　北支○甲1871部隊飯田隊出征、大村市議、製材業、大村タクシー社長

昭17○　田崎　威　福岡　文乙　京大経　京都市役所、上京府税務署長

昭17○　渡辺啓一郎　長崎　文甲　九大法　宮崎水産高校教授

昭17・9　河野寿雄　愛媛　文甲　東大文~九大　東京芝浦電気庶務課、大阪家庭裁判所裁判官

昭17・9○　高橋徹郎　長崎　理乙　宮崎医大　三田尻診療所

昭17・9　中村寿雄　福岡　文甲　九大法　五日市区検察庁、弁護士

昭17・9　本渡乾夫《たかお》　鹿児島　文甲　九大法　満州第289部隊広川隊出征、本渡法律事務所弁護士

昭17・9　堤　康弘　福岡　文甲　九大法　満州・公主嶺教育隊出征、九大復学、アカハタ新聞記者、日本共産党福岡県委員会文化部長
※著書『小説　青い日々』

昭17・9　古賀典志　福岡　理乙　長崎医大、耳鼻科医師

昭17・9　松永安弘　大分　文甲　九大法　司法書士

昭17・9　松田　宏　熊本　文甲　東大法　県立静岡高校

昭18・9○　清田　誠　福岡　文甲　九大法　出征中死亡

昭18・9○　多々見恭資　山口　文甲　京大法　長崎県川棚町臨時魚雷艇訓練所出征、東京海上火災㈱首都圏損害部

昭18・9　前園貞喜　福岡　文甲　東大法　日本石油㈱

昭18・9　松浦辰雄　熊本　文甲　九大法

昭18・9○　森　寿　福岡　文乙　東大経　公主嶺市満州第302部隊出征、三菱商事食糧部

昭18・9　江崎春雄　福岡　理甲　九大工　関東東山農事試験場、農業機械化研究所、筑波大教授

※著書『水と土と緑の話』「農機具」「日本型コンバインに関する研究」で日本農学賞

昭18・9○　高橋為夫　香川　理甲　東大農　九州ゼニスパイプ㈱社長、北海道社会開発公社

理事長

昭18・9　虎尾俊哉　長崎　文甲　東大文　弘前大教育学部教授、ロンドン大学、プリンストン大客員教授、国立歴史民族博物館教授

昭18・9　後藤康博　熊本　文甲　九大法

昭18・12○　矢野泰彦　福岡　文甲　九大法文　満州・公主嶺満州第３０２部隊宮崎隊出征

昭19・9○　岡本準水　文甲　東大文　鶴見女子大文学部教授、のち鶴見大学

昭19・9○　石田圭介　福岡　文甲　東大文　東京書籍ＫＫ編集部長、神社新報論説委員、財団法人中央教育研究所評議員
※著書『神武天皇論　宮崎神宮史』『戦後の天皇擁護論』『近代知識人の天皇論』『むなかたさま　その歴史と現在』

昭19・9○　木村倫平　兵庫　京大法　土浦海軍航空隊出征、在学中死亡

昭19・9○　長沢亮太　福岡　文乙　東大文　第一回学徒出陣（満州～中文～南支を転戦）戦後・東大院卒、厚生省～建設省、建設大学中央訓練所所長、産業開発青年技術協会理事長

昭19・9○　永松千秋　大分　理甲　熊本医大　永松医院（富士宮市）

昭19・9○　加来数壽　福岡　理甲　熊本医大　加来産婦人科医院開業

昭19・9○　西　高広　理乙　千葉医大　西内科クリニック開業

昭19・9○　則行　易　理甲　九大工　東京都立駒場高校教諭

昭19・9　奥井（善治）一良　理乙　京大医　済生会野江病院

昭20○　保坂哲哉　文甲　京大～東大文　厚生省官房企画課長、社会福祉研究所、上智大学文学部教授、金沢大学経済学部教授

昭20　谷口健三　熊本　文甲　東大法　三井化学工業三池染料工場、日経連課長

昭20　沖田　豊　文甲　九大法　第一勧業銀行、㈱小美屋副社長、公共証券㈱

昭20　村田正義（重国）　満州生　文甲　東大文　日本ガス化学（現三菱ガス化学）専務、新潟青陵女子短大学長

昭20　池田　孝　福岡　文甲　日本炭鉱入社

昭20　上野喜久郎　福岡　文甲　京大経　木材商社入社（台湾～韓国）、三井物産札幌支店

昭20○　有馬東洋男　鹿児島　文乙　京大法　召集、北支で終戦、帰国。京大法卒、熊本県立第一高校教師、熊本県高教組青年部長、東洋端子㈱営業第二部長、東洋建設営業企画管理課長、城西大学事務局長

※著書『維新革命に関する序説』『維新革命の法理』『開明路線が主導した明治維新』『世界史の話』

昭20　西村他家彦　福岡　文乙　東大法〜九大医　海軍予備生応召、魚雷艇・特殊潜航「海竜」の搭乗員で終戦、西村産婦人科（豊前市）
昭20　水野金次郎　兵庫　文乙　京大法　熊本地検検事、青森公証人役場
昭20　天藤森雄　理乙　東大理　小野田セメント中央研究所主任研究員
※「セメントに関する研究」で東大理学博士号
昭20　内尾太郎　熊本　理乙　九大医　熊大医学部講師、内尾外科医院（熊本市）
昭20　箱田吉清　広島　理乙　長崎医　長崎医大在学中原爆死
昭20　本田啓吉　熊本　文甲、京大文　水戸陸軍航空通信学校、兵役中に五高卒業、終戦、京大入学、熊本県立第一高校教師、熊本県高教組副委員長、書記長、水俣病を告発する会代表
昭22○　萱嶋太郎　宮崎　文甲　東大法　熊本第六野砲聯隊召集、終戦、五高復学、東大法入

学、公正取引委員会、石油連盟
※著書『政治革命』

昭22　久米是博　熊本　文甲　東大法　興業銀行、伊関農機㈱

昭22○　清水　廉　長崎　東大経　富士銀行、深川支店長、検査役、高崎製紙常務

昭22　山口卓郎

昭22　竹原清隆　熊本　理甲　東大工　日本道路公団福岡建設局長、フジタ工業取締役

昭22　竜田武二　理乙　東大経　安田火災海上、英国保険団日本本社

昭23○　中村　正　福岡　理乙　九大医　長崎原爆病院小児科

昭23　河野元一　新宿区立西戸山中学校

昭23○　山本六男　福岡　理乙　東大法　大蔵省、福岡国税局総務課長、金沢国税局長
※著書『中小企業の経営と税金』
昭24　典梠　勉　　　理乙
昭24　隅田哲司　広島　文甲　広島文理大、ロンドン大留学、広島修道大学長、広島大学文学部教授
※東光会会員185人（消息第4号では179人としている）

客員　昭5　星子　毅　熊本　文甲　京大法　血盟団事件関与により中途退学、服役、満州国
炭鉱、協和会、星子敏雄（大正14年卒）の弟

特別会員　石田正治　東京高等商船　海軍大尉　港湾パイロット

同　小崎庄次郎　長崎県早坂中小学校長

同　小崎久子　庄次郎の妻、子息・侃は版画家

石田家関係者　石田民次郎・キヲ、加悦きち、星子チヅ子・寛蔵、石田米太郎

おわりに

東京・目黒、目黒不動尊で有名な天台宗の瀧泉寺境内に北一輝を称える顕彰碑がある。昭和三十三年夏に建立されたものだ。三メートルを超す見上げるほどの石柱に碑文を書いたのは大川周明。大正末期に流行った西欧的進歩主義の渦に危機感を抱き、日本精神を取り戻すためとして共に協力して「猶存社」を結成したものの、後に決別した間柄だったが、お互いの能力は認め合っていたのだろう、大川は碑文で「歴史は北一輝君を革命家として伝えるであろう」と書き出し、北一輝の宗教心に支えられた社会活動が世間の共感を呼んだとし「北君は生前も死後も正に不朽であろう」と結んでいる。二・二六事件に連座して銃殺刑になった北一輝にとってはこの上ない賛辞になったろう。近くの墓地には大川周明と北一輝の墓が一〇メートルほどの間隔で向き合って建っており、「これが東光会に息を吹き込んだ二人の終焉の地か」と歴史の因縁に感嘆してしまった。

また、京都府の日本海側、舞鶴市の「引揚げ記念館」が平成二十七年にユネスコの世界記憶遺産になった。京都からJR特急「舞鶴号」で一時間一〇分、舞鶴港は戦後の混乱期に満州からの引揚げとシベリア抑留者が苦難の末にたどりついた地であり、東光会関係者にも忘れられない港である。

当時、帰還船が現れると出迎えの家族は狂喜した。いま、湾奥にある港の桟橋は立ち寄る人も少なく、近くの記念館も「戦史資料館」として、あの混乱と惨劇をどこまで伝えきれるか、工夫を凝らしている。戦争の記憶は確実に風化が進む。

東光会については拙著『満州国の最期を背負った男　星子敏雄』(弦書房)の取材過程で星子氏が草創期のメンバーだったためその一端に触れたが、他の構成員の極めて個性的な実態が取材者として気になっていた。その後、会員名簿をもとにそれぞれの「戦後」を手繰るため、一八五人のうち戦死した人や若いうちに病死した人を除き、住所の判明した可能な限りの会員、遺族一二三人に取材依頼の手紙を出したが、うち七七人分は宛先不明で返信され、届いたかどうかも判らない人が三三人、かろうじて音信のあったのは一三人だった。残念かなほとんどの人を捉えきれなかった。本人死亡に伴い遺族が不確かだったことや、勤務先の変更、市町村合併に伴う住所変更などが影響したのだろう。加えて、近年の「個人情報保護」で問い合わせても断られることが多かった。

しかし、旧制高校の生徒たちの優秀さと魅力的な人物像は消えていなかった。「末は博士か大臣か」と言われた誇りと自尊心は驚くばかりで、彼らは実に多くの文献や発言録を残し、仲間の誰かが亡くなると直ちに「遺稿集」を編んでいた。そしてその中身も社会性に十分耐え、歴史の中で見事に生きてきた証になっていた。絆の強さと深い思いやりは、太平洋戦争という厳しい時代を共に潜り抜けるなかで山荘に集い、「同じ釜の飯」を食ったものだけが持つ独特の世界観であったようだ。その意味では一八五人の一人ひとりで評伝が書ける魅力的な東光人たちだった。

目黒不動尊内にある北一輝の顕彰碑

大川周明の墓碑（手前）と前方中央にある北一輝の墓（東京・目黒・瀧泉寺墓地）

思想的には右派につながる系譜の人たちに見えるが、その実は自由で反権威主義的で、独自の視点で積み上げた結果の思想性に思えた。右翼、反動、ファシストと呼ぶには程遠い純粋で硬派な日本主義を貫いた人たちが育ち上がったのも剛毅朴訥を旨とする五高という風土が作り出したものであったろうか。心底、日本を愛した若者たちだった。

取材では星子敏雄、納富貞雄両氏から基本的な話を聞き、原正氏からたくさんの資料の提供を受けた。児玉和夫氏（仮名）と高田信一、村田正義、圓佛末吉各氏の遺族からも資料を頂いた。筆者の知る限り東光会員で存命（平成三十年一月現在）なのは有馬東洋男、石田圭介、萱嶋太郎、堤康弘、田崎威の五氏だけであり、いずれも山荘時代の生き生きとした生活の様子を語り、懐しんだ。高齢ながらもその記憶力には驚いた。特に有馬氏は東光会の歴史、人物に詳しく、多くのことを教わった。お礼を申し上げたい。また、熊本市で外科医をしていた内尾太郎氏は取材中の平成二十九年十二月九日に亡くなられた。享年九十一。ご冥福を祈る。

末尾に会員名簿を載せた。亡くなられたり、遺族の手掛かり不足などいくつかの点で取材が及ばなかったことをお詫びしたい。出版に際しては弦書房の小野静男氏に大変お世話になった。感謝申し上げる。

荒牧邦三

主要参考文献

東光会会員誌『東光』（第一号より記念碑報告号まで）昭和一二〜五五年
江藤夏雄著作集刊行会『江藤夏雄著作集』昭和四四年
中村寧追憶集刊行会『中村寧追憶集』昭和四九年
納富貞明『絆』（納富貞雄氏関係文集）平成七年
幡掛正浩『氷雪よりも厲（きび）し』平成一〇年
幡掛正浩『歳月老ゆ』伊勢神宮崇敬会、平成一四年
『幡掛正浩先生偲び草』不良大学事務局、平成一九年
牧野克巳編集『満州建国の英傑　庭川辰雄』昭和五〇年
有馬東洋男『維新革命の法理』高城書房、二〇一三年
萱嶋太郎『政治革命』日本図書刊行会、一九九四年
本田啓吉先生遺稿・追悼文集刊行会『本田啓吉先生遺稿・追悼文集』創想社、二〇〇七年
熊本県高等学校教職員組合『熊本高教組三〇年』一九八四年
堤康弘『青い日々』日本民主主義文学会・福岡支部、二〇一四年二刷
大川周明『日本二千六百年史』第一書房、昭和一六年　二四刷
大川周明『復興亜細亜の諸問題』中公文庫、一九九三年
松本健一『大川周明』作品社、一九八六年
満州国史編纂刊行会編『満州国史　総論・各論』昭和四五、四六年
伊東六十次郎『満州問題の歴史』原書房、一九八三年
山室信一『キメラ　満州国の肖像』中公新書、一九九三年
柳井正夫『満州最後の日』大澤印刷所出版部、昭和二四年
井上清・衛藤瀋吉編『日中戦争と日中関係』原書房、一九八八年
易顕石・張徳良・陳崇橋・李鴻鈞著　早川正訳『九・一八事変史』新時代社、一九八七年二刷
中国帰還者連絡会『侵略』新読書社、一九八四年新版・増補一刷
中国帰還者連絡会『帰ってきた戦犯たちの後半生』新風書房、一九九七年二版
大澤武司『毛沢東の対日戦犯裁判』中公新書、二〇一六年
角田房子『甘粕大尉』中公文庫、昭和六一年七版
血盟団事件公判記録刊行会『血盟団事件公判記録（上・下）』昭和四三年
岡村青『血盟団事件』三一書房、一九八九年
木下半治『日本右翼の研究』現代評論社、一九七九年三刷
秦郁彦『旧制高校物語』文春新書、二〇一五年九刷

上坂冬子『生体解剖』中公文庫、昭和五七年三版
熊野以素『九州大学生体解剖事件』岩波書店、二〇一五年四刷
酒井得元『沢木興道』誠信書房、昭和五八年一八刷
栗原俊雄『シベリア抑留』岩波新書、二〇〇九年二刷
御田重宝『シベリア抑留』講談社、一九八九年七刷

参考資料・写真提供者（敬称略）

▽原正▽納富貞雄▽高田明子▽内尾太郎▽星子敏雄氏遺族▽日本学協会「日本」鳥巣通明氏追悼録▽無人燈・圓佛洋右▽近代日本政治思想小史・石田圭介▽五高会会報（一〜二一号）▽人民網日本語版▽熊本日日新聞社

著者略歴

荒牧邦三（あらまき・くにぞう）
一九四七年、熊本県生まれ。一九七一年、熊本日日新聞社入社、社会部長、論説委員、常務取締役を歴任。前㈱熊日会館社長
著書『満州国の最期を背負った男 星子敏雄』（弦書房）『ルポ・くまもとの被差別部落』（熊本日日新聞社）共著『ここにも差別が――ジャーナリストの見た部落問題』（解放出版社）『新九州人国記』（熊本日日新聞社）などがある。

五高《ごこう》・東光会《とうこうかい》
――日本精神を死守した一八五人

二〇一八年十二月三十日発行

著　者　荒牧邦三
発行者　小野静男
発行所　株式会社　弦書房
（〒810・0041）
福岡市中央区大名二―二―四三
ELK大名ビル三〇一
電　話　〇九二・七二六・九八八五
FAX　〇九二・七二六・九八八六

製作・合同会社キヅキブックス
印刷・製本　シナノ書籍印刷株式会社

ISBN978-4-86329-183-6　C0021

◆弦書房の本

満州国の最期を背負った男
星子敏雄

荒牧邦三　甘粕正彦の義弟・星子敏雄。満州警察のトップとして国家運営の一端を担い、満州国破綻後も逃亡せず、最後まで責務をまっとうした清廉の人。満州国終焉後、ソ連軍に逮捕され、シベリア抑留11年を生き抜いた壮烈な生涯。〈四六判・224頁〉2000円

鮎川義介
日産コンツェルンを作った男

堀雅昭　鮎川義介は満洲建国後、岸信介、松岡洋右、東条英機、星野直樹らとともに「二キ三スケ」と呼ばれ、満洲政財界を統括した実力者のひとり。戦前、戦中、戦後までの全生涯を描く。戦後経済成長を支えた実業界の巨魁の生涯。〈四六判・336頁〉2200円

井上馨　開明的ナショナリズム

堀雅昭　傑物か、世外の人か、三井の番頭か——長州ファイブのリーダー、初代外務大臣として近代国家形成に尽力した井上馨。虚像と実像のはざまを埋める戦後初の本格評伝。彼が描いた近代化＝欧化政策の本質はどこにあったのか。〈A5判・320頁〉2400円

玄洋社とは何者か

浦辺登　近代史の穴・玄洋社の素顔に迫る。近代史の重要な局面には必ず玄洋社の活動がある。玄洋社を正確に評価できなければ、近代史の流れを正確につかむことはできない。GHQによりテロリスト集団とされた玄洋社の実像とは。〈四六判・248頁〉2000円

【第27回地方出版文化功労賞 奨励賞】
伊藤野枝と代準介《だいじゅんすけ》

矢野寛治　新資料「牟田乃落穂」から甦る伊藤野枝と育ての親・代準介の実像。同時代を生きた大杉栄、辻潤、頭山満らの素顔にも迫る。大杉栄、伊藤野枝研究者必読の書。〈A5判・250頁〉【2刷】2100円

＊表示価格は税別